就活対策サイト

「∞ キャリアパーク!」が教える

最高の会社の見つけ方

吉川智也

高橋書店

あなたの内定には
100万円の価値があります

企業が新卒採用にかける
1人あたりのコストは約100万円。
空前の人材不足におちいっている日本において、
多くの企業は若い人材を
求めています。

超売り手市場の今、いくつもの企業の中から
自分の条件に合った理想の会社へ応募することができます。

しかし、現実には早期退職者は減っていません。
慎重に見極めて就職先を決めた人達からも
「この会社を選んで後悔をしている」との声が
聞こえてきます。

彼らは、いったい何を間違い、
後悔しているのでしょうか。

それは、選び方の基準があいまいで、
自分にとっての「最高の会社」に
出会えなかった後悔です。

　本書では「最高の会社」を、
- 適性があり、
- やりたいことができ、
- 理想の自分を実現でき、
- 内容や仕事量に見合った
  報酬（給与・地位）が得られる会社
と定義しています。

あなたにとって、
「最高の会社」とは何でしょうか。
出会った会社が「最高の会社」かどうか、
どう見極めたらいいのでしょうか。

本書でその探し方を身につけ、
あなただけの「最高の会社」にめぐりあいましょう。

はじめに

　本書を選んでいただきありがとうございます。この本は、**将来のキャリアを考える方に向けた企業選びの本です**。就職活動をする大学生や、20代の若手会社員を読者対象としています。

　少しだけ自己紹介をさせてください。私は、キャリアアドバイザーの吉川智也と申します。

　2010年4月に株式会社マイナビに入社し、これまで300社以上の採用活動を支援してきました。その経験をもとに、さまざまな大学で就活講座の講師を務め、年間3000人以上の学生へ講演を行ってきました。

　現在は、大学生１学年の約８割にあたる約45万人※の会員を持つ就職情報サイト「キャリアパーク！」や就活生のための口コミサイト「就活会議」を運営するポート株式会社で、キャリアアドバイザーグループの責任者として、多くの学生の就活相談に乗り、内定へと導いています。

※会員登録者は、2023年3月末時点の23年3月卒業予定のポートグループ会員合算

多くの学生と向き合う中で私が感じているのは、**狭い選択肢の中から先入観だけで会社を選び、入社後に後悔する人が少なくない**ということです。

　ほとんどの学生は、アルバイトくらいしか仕事を経験したことがありません。就職先を選ぼうとしても「適性がわからない」「これといってやりたいことが見つからない」と思うのは、当然のことです。

　しかし、**世の中に数万社ある企業の中で入れるのは1社だけ**。だからこそ、何かしらの基準を持って選ばなければ、ミスマッチが起こる危険性は高まるのです。会社選びの基準を持つためには、たくさんの情報を収集する必要があります。

　たとえば、（僕の大好きな）ラーメンで考えてみましょう。皆さんはみそ・塩・しょうゆ・とんこつの中で、今食べるなら何ラーメンを食べたいですか？

　皆さんが今、1つの味を選べたのは、過去に食べた経験があり、好き・嫌いの基準を持っていたからです。もともとみそ味しか食べたことのない人は、塩ラーメンを選ぶことはできないでしょう。

情報を集め、これまでの自分の性格や大切にしていることと照らし合わせて、会社を選ぶ基準を決めるのは、就職活動・転職活動ではとても大切です。

　しかしながら学生や社会人経験が浅い20代では、自分だけの力でベストな会社を選ぶのは至難の業です。その手助けをしたいという思いから本書は生まれました。

　本書では、「やりがい」「社風」「働き方」の3つの観点で、会社を選ぶ際に軸となる12の基準を提示しています。まずは、それぞれの基準をぱらぱらと眺めて、「この基準は自分にとって大切だ」「この基準はそこまで優先順位が高くない」など、自分の会社選びに対する価値観を理解していきましょう。

　12の基準のページには、志望企業がその基準を満たしているか見極めるためのヒントを収録しました。企業と接触し、社員やOB・OG、人事と接触するときに役に立つと思います。

　また、学生1000人へのアンケートから抜粋した「会社選びの際に気をつけている」こと、内定者1000人の就活体験記から抽出した「その会社を選んだ決め手」などの経験者の声も満載です。ぜひ参考にしてください。

1つだけ先にお伝えしなければならない点があります。それは、どんなに自分の基準を見定めて、企業を選んでも、実際に入社してみないとわからないことがある、ということです。

　さらに、どんなに自分の希望の会社に入ったとしても、入社後の努力がなければ、「最高の会社」だと思える状態にはなりえません。

　ただ、20代のうちから会社選びの基準を持っておくことは、社会人生活を幸せに送るための絶対条件です。

　私は、社会人生活の充実度は、「自分の責任50%」「環境（＝会社）50%」で決まると考えています。やりがいを見いだすためにどこまで頑張るかは、自分の意志で変えられます。しかし、環境（＝会社）は自分の力では変えられません。ですから、社会人生活を充実したものにするには、自分を高めることはもちろん、それを大きく左右する会社選びがとても重要なのです。

　本書が、「最高の会社」に出会うヒントをもたらし、あなたの就活・転職活動にプラスに働けば幸いです。

　さあ、今から後悔のない最高の会社選びをはじめましょう！

ポート株式会社
就職支援事業部　責任者
吉川智也

「12の基準」で発見する
最高の会社

基準①

専門性が身につくか

教育制度×ジョブローテーション
×評価制度 で考えよう

➡P36

基準②

市場の成長性はあるか

時流×社会的評価×社会動向
で考えよう

➡P44

基準③

やりたいことができるか

採用枠×異動のしやすさ×事例
で考えよう

➡P50

基準④

働く意義を感じられるか

スタンス×評価制度×知名度
で考えよう

➡P56

基準⑤

人間関係は良好か

社員の会話×口コミ評価
×オフィス見学 で考えよう

➡P68

基準⑥

会社との関係性が適切か

チーム貢献度の評価×社内行事
で考えよう

➡P74

基準⑩

勤務地を選択できるか

頻度×期間×拠点の場所
で考えよう

➡P106

基準⑪

報酬・評価に納得できるか

モデル年収×インセンティブ×
残業代 で考えよう

➡P112

基準⑫

福利厚生が充実しているか

必要性×利用率×日系企業
で考えよう

➡P120

就活対策サイト「キャリアパーク！」が教える

最高の会社の見つけ方

Prologue　なぜ、会社選びはこんなにも難しいのか

Part 1　会社選びの12の基準

Chapter 1　やりがい

Chapter 2 社風

Chapter 3 働き方

Part2 自分の基準をもとに「最高の会社」を絞り込む

Part 3　就職後、自分の価値観が変わったら

企画協力：團祥太郎（ポート株式会社）
本文デザイン・DTP：有限会社アイル企画
イラスト：こつじゆい
執筆協力：佐藤葉月、高山志帆
編集協力：渡邊宥介（有限会社ヴュー企画）
校正：株式会社鷗来堂、新山耕作
取材協力：アンケートにご協力いただいた 1000 人の学生の皆さん
　　　　　就活体験記をご提供いただいた 1000 人の内定者の皆さん

本 書 の 使 い 方

　この本はあなたの頭の中の「基準」をクリアにするためのヒント集です。読む順番には決まりはありません。気になったところから、ぱらぱらとめくってみてください。特に12の基準に目を通して、自分が受けた印象が、あなたの「基準」づくりにとって大切です。本書の基準一覧表などを用いて考えを整理することをおすすめします。

就活・転職活動における本書の立ち位置

❶ Part1の12の基準の項目を読み、就活の軸探しに使う

手がかりとなる12の基準

やりがい		社風		働き方	
1	専門性	5	人間関係	9	柔軟な働き方
2	市場成長性	6	会社との関係性	10	勤務地
3	業務内容	7	企業理念	11	報酬・評価
4	働く意義	8	企業の倫理観	12	福利厚生

❷ 基準を満たす業界に見当をつけるのに使う

❸ 企業が自分の求める基準を満たしているか、確認するのに使う

❹ Q＆Aやケーススタディを読んで、会社選びに迷ったときの参考にする

❺ 就職後「自分の価値観が変わったな」と思ったときに、転職の第一歩として読む

Prologue

なぜ、会社選びは
こんなにも
難しいのか

新卒で企業を
見極めることの難しさ

　新卒社員の入社後3年以内の離職率は、以前から高いと言われてきました。就活生に有利な売り手市場になり、4年制大学卒の新卒就職率が98%前後とほとんどの学生が就職できるこの数年でも、離職率は30%程度のままです。じつはこの数字は、この30年間変わっていないのです。

大学卒者就職後３年以内離職率の推移

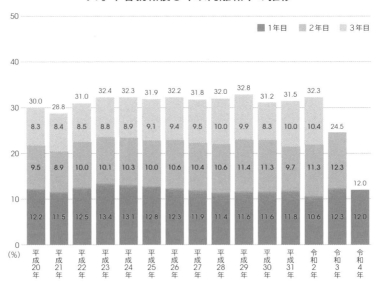

厚生労働省:新規学卒者の離職状況（令和5年10月公表）

　売り手市場と言っても就活生が楽をして入社しているわけではありません。就職活動の早期化にともない、多くの学生は早い時期から就職活動に励み、内定を獲得して入社します。それでも、約3人に1人は辞めてしまう状況を考えると、新卒で自分に合った企業を見極めることの難しさがわかります。

　売り手市場の現在、就職氷河期のように働きたくても仕事がないという状況ではありません。複数社の内定を獲得する学生も多く、さまざまな選択肢の中から自分に合った仕事を選びやすいはずです。それなのに、なぜ多くの新卒社員は入社後3年以内に離職してしまうのでしょうか。厚生労働省の「平成30年若年者雇用実態調査」によると、はじめて勤務した会社を辞めた理由で上位に挙げられるのは以下の内容です。

　・労働時間・休日・休暇の条件がよくなかった
　・人間関係がよくなかった
　・賃金の条件がよくなかった
　・仕事が自分に合わない

　このデータからは、労働条件や仕事内容が合っていなかったことが、退職の要因になったと読み取れます。はじめから合わないことがわかっていて入社する人は少ないはずです。どのようにしてミスマッチが生じてしまうのでしょうか。

　次項からは、新卒で入社した企業からの転職を選んだ先輩たちの体験談から、その理由を見ていきましょう。

仕事内容が想像と違った

よしこさん（仮名）

| 新卒入社 | 製造小売業A社 |
| 転職先 | 製造小売業B社 |

——前職ではどのような仕事をしていたのですか？

　新卒で雑貨や生活用品などを製造・販売している会社に入社して、店舗に配属され接客を担当していました。学生時代から近くに店舗があって親しみを持っていました。店舗の雰囲気も大好きだし、こんなすてきな商品づくりにかかわりたいと思って、エントリーしたんです。みんな知っている企業だし、就職活動で内定を取れたときはうれしかったですね。家族も喜んでくれました。

——どうしてその会社に決めたのですか？

　ほかにも数社内定をもらったのですが、やっぱり**自分の好きなものに囲まれて仕事をしたい**というのが大きかったので、その会社への入社を決めました。

　あとはサステナビリティに向けた取り組みに力を入れていて、「環境保護の取り組みに共感してくれる人に買ってもらいたい」というスタンスにも惹かれましたね。ここでなら、**ていねいな商品づくりを通してお客様に、長く愛着を持って使っていただけるような商品を企画できる**と感じたんです。

――ではなぜ退職を考えるようになったのですか?

　商品企画を希望しましたが、配属は店舗でした。店舗では毎月のノルマもあるし、評価も売上額が絶対基準。入社前に思い描いていた仕事とはほど遠いと感じていました。接客もていねいに対応していると業務が終わらず、イライラすることも増えていきました。

　もちろん売上達成のために頑張ったのですが、**レイアウトも仕入れも本部主導で決められているので、そのとおりに再現するだけ。裁量がないことも大きなストレスでした。**入社前に憧れていた仕事内容と、現実とのギャップを感じてしまい、退職を決意しました。

――退職して次はどのような企業を選びましたか?

　1年間の経験も活かしたいと考えて、生活用品の製造小売をやっているB社に転職しました。B社では、**店舗ごとの裁量が大きく、働くうえでやりがいがあると思いました。**また、半年に一度面談があり、配属希望も叶いやすいと聞いたので、開発部門への異動が期待できる点も大きかったです。1社目のときから、単に「好き」だけでなく、業務内容や、裁量の大きさも調べて選ぶべきでしたね。

〈 解説 〉

このケースのように、入社してみたら就活時に思い描いていたような働き方ができないということはよくあります。配属先の希望やキャリアプランについても、事前にしっかり確認しておかないと、やりたい業務に携われない事態におちいります。理想と現実のギャップが大きいと希望を持って働き続けるのは難しいでしょう。

仕事は魅力的だったが、社風が合わない

てつじさん（仮名）

新卒入社	IT会社C社
転職先	IT会社D社

―――前職ではどのような仕事をしていたのですか？

　新卒でIT企業に入社して、ITエンジニアとして自社商品の開発に携わっていました。就職活動でIT企業を志望した理由は、今はIT技術がなければ生活できないし、IT技術を通して誰もが便利に暮らせる社会をつくりたいと考えたためです。

―――なぜIT業界の中でもその企業を選んだのですか？

　C社を選んだ理由は、最新技術への投資に積極的で、人々の生活を豊かにするサービスを実現させていく姿勢に共感したためです。**自分がつくったサービスが誰かの役に立ったらうれしい**と考えていました。実際、自分が携わった新機能がリリースされて、多くの人が使ってくれているのを見たときはとてもうれしくて、「自分の仕事が多くの人の助けになっているんだ」という達成感を覚えました。まったくの未経験からのスタートだったので苦労もあったのですが、ITエンジニアを選んでよかったと心から思いました。

—— ではなぜ退職を考えるようになったのですか?

　社風が自分とは合わないなと感じるようになったためです。たとえば、システムをよりよくしていくためのアイデアがあっても、若手は提案しにくい雰囲気があったり、提案したとしても意見が通らなかったりしました。

　入社してみて驚いたのですが、意外に年功序列を重んじる社風だったんです。勤続年数が長い人の意見が通りやすい社風が自分と合わないと感じましたね。

　いろいろと工夫して2年間努力してみましたが、**「何を言ったかよりも誰が言ったかが重視される環境」では、自分も成長できない**なと思い転職を決意しました。

—— 退職して次はどのような企業を選びましたか?

　新卒のときは仕事内容を重視して選んでいましたが、今回は仕事内容だけでなく、若手でも活躍できるかどうかを重視して企業を選びました。**「風通しがよい」という言葉をうのみにするのではなく、同世代の社員が責任あるポジションについているかを確認**して、自分の求める企業かどうかを見極めて選びました。

〈 解 説 〉

会社の環境や一緒に働く人が自分と合っているかどうかは、働きやすさを左右する重要なポイントです。合わないと感じながら仕事をするのは、精神的につらいことでもあるでしょう。仕事内容や待遇に惹かれていても、社風が合わないと感じて転職を決意する人は多くいます。

努力に給与が見合わなかった

zentedjさん（仮名）

新卒入社 不動産業界E社
転職先 生命保険業界F社

——前職ではどのような仕事をしていたのですか？

　新卒で不動産販売会社に就職し、営業をしていました。マンションや戸建て住宅などの物件を顧客に紹介し販売する仕事です。不動産業界を選んだのは、多くの人の豊かな生活を実現したいと考えたためです。**自分の携わった仕事がこれから数十年にもわたって人々の暮らしを支え、地図にも載るなんてかっこいいな**と思いました。

——なぜ業界の中でもその企業を選んだのですか？

　E社を選んだ理由は、戸建て注文住宅の販売に強みがあったからです。自分のコミュニケーション能力を活かして、顧客の希望を聞き、理想の住宅を提案できると思いました。

　大学時代にアルバイトで携帯電話販売の経験があり、店舗1位になったこともあったので、お客様との対面でのコミュニケーション力や営業力には自信がありました。また、不動産業は営業成績によってインセンティブがあるイメージがあったので、**努力した分の成果が自分に返ってくるというのも魅力に**感じていました。

—— ではなぜ退職を考えるようになったのですか?

　就職活動時は「営業職は個人の成績がすべて」という先入観があったのですが、E社は違いました。

　E社はチーム制を導入していて、評価制度も個人の売上だけでなく、チーム全体での売上成績の割合も大きかったのです。

　3年間努力して、個人の売上成績はエリア内で上位までいきましたが、なかなか**チーム全体の売上が目標達成できず、給与が私個人の努力に比例していなかった**んですよね……。もちろん、同僚や後輩の成績アップのためにも働いたのですが、仕事に対する意欲が高くない彼らとの溝は広がっていきました。**達成した売上にも労力にも報酬が見合わず、これ以上は難しいなと見切りをつけて**辞めました。

—— 退職して次はどのような企業を選びましたか?

　新卒のときは、営業スキルを磨いて頑張ればおのずと給与もついてくると思っていましたが、評価制度は企業によって違いました。転職活動では、評価制度も確認するようにして、インセンティブ重視の生命保険会社に転職しました。**頑張れば頑張るだけ評価してもらえる環境で満足しています。**

〈 解 説 〉

新卒の場合は、福利厚生や評価制度、休みの取り方などについて知識が少ないため、条件を提示されていても自分の希望とのギャップに気づけないこともあるでしょう。仕事内容が自分に合っていたとしても、評価や報酬などで自分の考え方とギャップがあると、モチベーションを維持することが難しくなってしまいます。

彼らの失敗に
共通していたものは?

▶ 会社選びを間違うと、仕事は苦しいものになる

　転職した3人に共通していたのは「会社選びの基準が見えていな**かった**」ということです。彼らが思い描いていた会社のイメージと入社後の現実に乖離があり、会社に失望してしまったのです。

　彼らが見切りをつけた会社でも、やりがいを感じながらイキイキと輝いている人はいるはずです。もちろん転職した人たちが劣っていたというわけではありません。すべての人にとっての「最高の会社」は存在しません。しかも、キャリアステージや環境によって会社選びの基準は変わるため、長い人生の中で自分にとっていい会社がずっと同じというわけでもありません。**自分がつくった基準に合う会社を見極め、その会社で入社後も努力できている人が、結果的に「自分にとってのよい会社」と出会えている**のです。

　　最高の会社を見つけるステップ
　　1．情報収集し、会社選びの基準をつくる
　　2．基準を満たしているか見極める
　　3．最高の会社にするために入社後も努力する

▶ 自己分析だけで会社を選ぶことの危うさ

アルバイトやインターンシップでしか働いたことのない学生の場合、「最高の会社」を見つけるのはとても難度の高いことです。

就職活動時の会社の選び方として、自己分析などで自分の興味・関心を中心に選ぶ方法が主流とされています。しかし、その方法には落とし穴が存在します。**「自分の好きなこと」が、適職になるとは限らない**からです。

▶ 就活の時期に企業がCMを打つ理由

働いた経験の少ない学生にとって、世の中にどのような会社があるのか全体をつかむのは難しいものです。そのため「知っているもの」を中心に選ぶ傾向があり、メディアや街中で目にする商品の会社ばかり受験する人もいます。

BtoB（企業を顧客とする）企業が就活時期にCMを打つのも、知名度を高めて学生を集めるためです。

志望先を自分の興味・関心や知名度で絞ると、視野を狭めるうえ、ほかの学生にも人気の（知名度の高い）高倍率の会社ばかりをねらうことになってしまうのです。

倍率が高い会社が悪いわけではありませんが「みんながねらっている会社＝自分にとってよい会社」ではありません。重要なのは、**自分の会社選びの基準をつくったうえで、その基準を満たしている会社かどうか見極める視点**です。

最高の会社を見つけるには？

▶「やりがい」「社風」「働き方」3つの視点で会社を選ぶ

　最高の会社に出会うために、まずは「あなたにとっての最高の会社」を明確にします。そこで本書では、**会社選びの12の基準を「やりがい」「社風」「働き方」の3つに分けて紹介**していきます。

　それぞれの基準の解説や、それを重視して就職を決めた内定者のコメントを読みながら、**あなたにとってその項目が重要なのか、さほど興味がないのか、自分に問いかけてみてください**。そして自分にとって優先順位の高い基準が明確になったら、そこから、自分の求めるラインに達しているのか、企業をジャッジしていきましょう。

選ぶポイント① ｜ やりがい

　「やりがい」とは**仕事で得られる充実感を指します**。やりがいは仕事へのモチベーションにつながる重要なポイントです。

「やりがい」のある会社を判断する４つの基準

> ① 専門性が身につくか
> ② 市場の成長性があるか
> ③ やりたいことができるか
> ④ 働く意義を感じられるか

選ぶポイント②｜社　風

「社風」とは**会社の理念や文化**などを指します。自分が乗る船の方向性が違っていれば、願うような働き方はできません。どんな人たちと、何のために仕事をするのかは非常に重要です。

「社風」が合う会社を判断する4つの基準

⑤人間関係は良好か
⑥会社との関係性が適切か
⑦理念に共感できるか
⑧企業の倫理観

選ぶポイント③｜働 き 方

「働き方」は**休みの取り方や福利厚生、報酬や人事評価**などを指します。仕事に専念するためには、環境も重要なポイントです。

「働き方」が合う会社を判断する4つの基準

⑨柔軟な働き方ができるか
⑩勤務地を選択できるか
⑪報酬・評価に納得できるか
⑫福利厚生が充実しているか

就活生の会社選びの軸

本書の制作にあたり「キャリアパーク！」登録学生1000人へのアンケートと、内定者1000人の就活体験記の分析を行いました。ほかの学生や内定者は、何を意識して企業を選んでいるのでしょうか。

〔学生編〕第一志望の業界

〈メーカーが一強。IT・通信業界も人気〉

学生の第一志望はメーカー。これは純粋に会社の数が多いことが要因と思われます。企業数を考慮すると、IT・通信、商社が相対的に人気。一方かつて花形だった広告・出版・メディア、金融業界は人気が低迷しています。

学生の志望業界（複数回答）

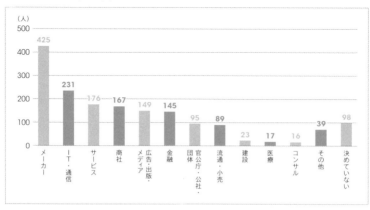

〔学生編〕就活の企業選びで大事にしていること

〈人間関係が1位。働き方への関心が高い〉

　就活生が大事にしていることでは、人間関係や柔軟な働き方が上位に並びました。仕事内容以前に「誰と働くのか」への関心が高いことがわかります。3位にはやりたいことが実現できる、の項目が入り、仕事内容にも関心が高くなっています。

1 位	人間関係	20.2%
2 位	柔軟な働き方	18.5%
3 位	やりたいことが実現できる	17.7%
4 位	評価・報酬	9.5%
5 位	市場の成長性	7.6%

〔内定者編〕入社企業の決め手となったこと

〈働きやすさ・社員の魅力が上位に〉

　就活を終えた内定者の1位は福利厚生や働きやすさ。コメントでは「住宅手当て」への言及が多く、働くことを現実的なものとして捉えていることがわかります。2位には社員の魅力が入っており、就活を通して出会った社員の魅力が入社の最終的な決め手になっているようです。

1 位	福利厚生・働きやすさ	15.3%
2 位	社員の魅力・実力	13.7%
3 位	やりたいことが実現できる	13.6%
4 位	会社の知名度	13.3%
5 位	報酬・評価	11.3%

Column

キャリア情報プラットフォーム「キャリアパーク！」

「キャリアパーク！」はポート株式会社が提供する就活の情報を集めたキャリア情報のプラットフォームです。

キャリアパーク！

- ・就活に関するノウハウのコラム
- ・就活ノウハウの資料
- ・自己分析などのツール
- ・就活相談サービス
- ・就活イベント

特徴は圧倒的な情報量と就活生視点であること。自己分析のやり方から企業の選び方、エントリーシート作成、面接対策まで、就活生なら知りたいコンテンツがすべて無料で提供されます。

ほかのサイトとは異なり、企業が掲載料を支払った広告は原則としてありません。就活のプロが監修した記事のほか、信頼できる情報だけを提供しています。

ポート株式会社が運営するほかのサービス

就活会議

- ・企業別エントリーシート
- ・企業別選考体験記
- ・学生による就活速報
- ・企業の口コミの提供
- ・説明会やインターンシップの情報提供

Part 1

会社選びの12の基準

やりがい

Chapter 1

やりがいとは

　多くの人が、毎日仕事に約8時間を費やします。定年まで40年以上、働き続ける人も少なくありません。だからこそ、「仕事を健全に継続するための理由」を、誰もが求めています。その理由とは「やりがい」です。

　「やりがい」はとても抽象的な言葉です。もし**「やりがい」を定義するならば、仕事によって得られる「充足感」や「満足感」**と言えるでしょう。

　これらをどうすれば得られるかを考えると、右ページの図のような「やりがい」の本質が見えてきます。

　「仕事のおもしろみ」と「仕事をすることで得られる十分なリターン」の2つが掛け合わされていればベストですが、学生や社会人経験が浅いうちは、できることが少なく、やりたいことが見つかっていない場合も多いでしょう。

　だからといって「仕事のおもしろみ」の部分で、悩む必要はありません。**仕事をしながらスキルや経験を積んでいけば、できることが増え自分の興味が見えてきます。**

やりがいの本質

① 仕事そのものに、おもしろみを感じられる

② 仕事をすることで、十分なリターンを得られる

「仕事のおもしろみ」とは

● 業務自体に興味がある

● 自分の適性や能力を発揮できる

● 主体的に働いて自分のアイデアを実現できる

「仕事をすることで得られる十分なリターン」とは

● 成長できる（専門性や経験）

● 昇進などによる権限の拡大（影響力の拡大）

● 金銭的な報酬などの増加

　仕事を通して成長すれば、周りの景色が変わり、見えるものも変化するのです。「仕事のおもしろみ」を追求するのは、それからでも遅くありません。

　「やりがい」のある仕事とはどんなものなのか。それを考えながら就職活動をすることで、「やりがい」に出会える確率は、きっと高くなるでしょう。

基準 ①

専門性が身につくか

学生1000人に聞いてみた!

学生の関心度　12基準中　**第6位**

[専門性] ってどう思う?

専門的な分野を学べる制度等を積極的に取り入れている会社で働きたい。
(IT・通信業界志望、修士課程)

自分の技術を磨いて、技術で社会貢献したいです。(メーカー志望、修士課程)

市場価値の高い人材になるための基盤となるスキルを身につけたい。(IT・通信業界志望、学部4年生)

専門的な知識を活用して、新しいサービスを開発できる能力が身につくといいな。(建設業界志望、修士課程)

自分がこれまでの人生で身につけたことを活かしたい。
(広告・出版・メディア業界志望、学部3年生)

転職しようと思ったときに、専門的なスキルは武器にできると思う。(メーカー志望、学部4年生)

専門性を活かしたオリジナリティのある働き方をしたい。
(IT・通信業界志望、修士課程)

年齢を重ねたときに、管理職になる材料にもなると思う。
(商社志望、修士課程)

専門性とは?

→ **ある分野において、深い知識やスキル、経験があること**

● **専門性が高い＝市場価値が高い人材**

ほかの人では**代わりを務める**ことができない**スキルや知識、経験**を「専門性」と言います。専門性があればレアリティ (希少性) が高い人材として職場で評価され、転職時にも市場価値が高いと判断されます。

専門性は、資格や免許など目に見える形で示せるものもありますし、そうでないものもあります。たとえば、特定のソフトを使って仕事をするデザイナーや、工学に長けたエンジニア、営業職や編集職など、その職種で優れた実績やスキル、ノウハウを持っていれば、専門性があると言えます。

● **3つ掛け合わせればオリジナルの価値になる**

専門性のニーズは、時代によって大きく変わります。AIなどIT技術が急速に発展する中で、これから求められる専門性は何なのかを見極めて、スキルや知識を積み重ねましょう。

もちろん、1つの分野を突き詰めて大多数の中で1位になるレベルまで究めることは難しいものです。しかし、**部署内やチーム内で何か1位になれるものを見つけて、それを3つ掛け合わせれば、その人にしかない特別な価値が生まれます。**

スキルや知識、経験は何でもいいですが、順位や実績など相対評価ができるものであることが重要です。

専門性が身につく会社

を探すコツ

教育制度×ジョブローテーション×評価制度

で考えよう

資格取得を後押ししてくれる?

社員のスキルアップに前向きで、**資格取得への補助制度がある会社なら、専門性を高めやすいでしょう**。ただし、その資格は誰でも取れるものではなく、希少性がありきちんと自分の市場価値を上げてくれるようなものでなければいけません。「働きながらスキルアップがしたいのですが」と前置きしたうえで、面接時に聞いてみましょう。

ジョブローテーションはある?

さまざまな部署を経験して、その会社での総合的な力を身につける「ジョブローテーション」。異動のしかたによっては、1つのスキルを究めるのは難しくなります。異動に対してどの程度、融通が利くのかを人事担当者に聞いてみましょう。

個人をしっかり評価してくれる?

専門性を高めるには、相対的に比較できるスキルが身につく環境がベストです。**チーム単位だけではなく、個人単位で評価をする制度になっているとよいでしょう**。個人で積み上げた実績は、職務経歴書に記載することができ、転職時にも有利になるからです。

専門性を磨ける会社

はどこにある?

内定者1000人、学生1000人のアンケートから、「専門性」の観点で会社選び
をした人の傾向を分析。そこから専門性を磨ける会社の特徴を探りました。

● 特定の領域でトップの企業

特に業界トップシェアを誇る企業に魅力を感じる人が多い様子。
こうした企業は**研修制度が充実していたり、資格取得に力を入れて
いたりと社員のスキルアップに注力**しています。ニッチな業界で
あっても業界のパイオニアとして大きなシェアを誇っていれば、専
門性を身につけながら成長できるでしょう。

● 働きながら学び続けるITエンジニア、建築系

ITエンジニアや建築系は、技術革新のスピードが速く、常に新し
い知識やスキルを取得して自身をアップデートし、時代に合った専
門性を求められます。そのため、**会社による資格取得支援が充実し
ている点でも人気**です。クリエイター系では3DCGの技術が身につ
く会社を志望した人も。「手に職をつけたい」人は注目です。

幅広い経験を積んでから専門性を見つけるのもアリ

専門性の項目では、学んだことや興味のある分野に特化した職種を目指
す人と、さまざまな職種を経験してから自分に合うものを見つけたい人
に分かれました。後者のほうが、仕事の経験をしている点でミスマッチ
が起きづらいとも言えます。どのタイミングで専門性の高い道を選ぶか
も1つの基準となりそうです。

基準①
専門性が決め手

内定者のコメント

会計系コンサルティングの専門的な知識を、若いうちから得られると思い、FAS 業界を選びました。（会計系コンサルティング会社内定）

エンジニアの知識と経験を持った IT コンサルタントを目指せる企業がほかになかったので入社を決めました。（専門コンサルティング会社内定）

研修や資格取得の補助が充実していて、未経験エンジニアからでも成長できそうだなと思いました。（ソフトウエア開発会社内定）

幅広い業務にかかわれるので高い専門性を身につけられると考えました。海外事業も進めている会社なので、スケールの大きい仕事にかかわれるチャンスもあるかなと思っています。（メガバンク内定）

若いうちからマネジャーの経験を積める環境が魅力的でした。文系出身で未経験なので、経験はたくさん積んだほうがいいかなと思ったことも大きいです。（通信・インフラ会社内定）

ほかの会社だと携われる分野が限定されていましたが、若いうちから自分の専門性を磨いていける環境がありそうでした。（総合コンサルティングファーム内定）

ジョブ型雇用について

　会社の雇用形態には、大きく分けて「ジョブ型」と「メンバーシップ型」の2つがあります。

　「ジョブ型」は、特定の職種に就くことを前提に契約を結ぶ形態で、「専門職」として雇われることです。一方、**「メンバーシップ型」は、職種を指定せずに採用し、社内のさまざまな職種に振り分ける形態です。**「総合職」とほぼ同義と考えてよいでしょう。

「ジョブ型」と「メンバーシップ型」の主な違い

	ジョブ型雇用	メンバーシップ型雇用
採用方法	通年採用	新卒時に一括採用
仕事内容	雇用時から、必要なスキル・業務内容・労働時間・勤務地などが定められている	職種や業務内容・労働時間・勤務地などが定められていない
スキル	専門的なスキルと知識、経験が求められるスペシャリスト	多分野での総合的なスキルと知識を身につけていくジェネラリスト
キャリア	専門性が深まると担当が広がりグレードが上がる	ジョブローテーション（異動や内部昇進）を経て管理職に就く
評価	成果によって決まる	標準化が難しい
慣習	ジョブホッピング	終身雇用が前提

日本では、長く「メンバーシップ型」が主流でしたが、最近は「ジョブ型」を導入する企業も増えています。

「ジョブ型」には、次のようなメリットとデメリットがあります。

「ジョブ型」のメリットとデメリット

メリット	デメリット
・自分の得意分野に特化した能力を発揮できる ・専門分野で経験を積むことで、さらにスキルを高められる ・仕事の成果が評価に直結するためわかりやすい ・転職しやすい	・業務内容や勤務地が固定されていて変えられない ・スキルを持たない新卒採用には向かない。適性の見極めが必要 ・業務がなくなった場合、他部署への異動が難しく、最終的には離職になる場合もある

日本では法律で社員が手厚く守られ、解雇しにくい制度になっています。そのため「ジョブ型」と呼ばれる雇用形態でも、海外のものとは評価制度や昇給基準などに違いがあります。「ジョブ型」と「メンバーシップ型」をミックスした「ハイブリッド型」を採用する動きもあります。

転職するのが当たり前になっている昨今、年功序列を重視した「メンバーシップ型」の形態は徐々に少なくなっていくかもしれません。

基準②

市場の成長性があるか

学生1000人に聞いてみた！

学生の関心度　12基準中　第5位

［市場の成長性］ってどう思う？

成長が見込めて、今後も必要とされる業界で働くことが理想だな。（金融業界志望、学部4年生）

将来できる仕事の幅や規模が大きくなる可能性がある企業と、ともに成長していきたい。（不動産業界志望、学部3年生）

今後も必要とされるような分野で活躍したいから、企業の成長性を重視したい。（IT・通信業界志望、修士課程）

成長産業なら、よりやりがいを感じられそう。
（メーカー志望、修士課程）

業界が成長していないと企業の成長にも限界がありそうだけど、どうなんだろう。
（サービス業界志望、学部3年生）

今後衰退していく業界もある中で、成長していく業界を見抜く必要があると思うな。（サービス業界志望、学部3年生）

成長性のある企業は刺激も多そうで、自分も成長できそう。
（志望業界未定、学部1年生）

先行きが不透明な現代なので、業界の成長性や将来性を重視したい。（運輸［空運、海運］業界志望、学部3年生）

基準②

市場の成長性とは?

→ 未来に向けて、より世の中に必要とされる分野であること

● **時代の流れとともに、成長する分野は変わる**

市場の成長性を語るうえで欠かせないキーワードは、「未来」と「世の中」です。たとえば高度経済成長期は、自動車や家電など、需要が増加した市場に活気がありました。しかし、今は需要がおさまって、これらの分野は国内市場の動きが停滞気味です。同じように、デジタル化や高齢化など、社会の変化とともに必要とされる事業は変わります。未来に向けて、どんな業界・会社が求められるのかを見極めることが大切でしょう。また、都道府県、国、アジア、全世界……と、市場が広いほど多くの需要を見込めます。「世の中」の規模を大きく捉えることも重要です。

● **安定的に成長する分野なら、スキルの需要が絶えない**

市場の成長性が低い分野の職種に就くと、これから先、仕事がなくなってしまうおそれがあります。**そこで身につけたスキルや知識を活かせる職場が減るため、転職も難しいでしょう。**ただ、コロナ禍で観光業界が大打撃を受けたように、何か1つのきっかけで市場が大きなダメージを受ける危険性もあるので、絶対に安心な業界はありません。ただ今後の成長性が見込めない業界を選ぶのは避けましょう。

市場を見極めるのも大切ですが、自分自身が最もモチベーションが上がる業界に進むのも大切ですよ。

市場の成長性が高い会社

を探すコツ

時流×社会的評価×社会動向

で考えよう

現時点でのサービスや製品の人気は?

会員数や製品の販売数などから、その会社のサービスや製品の認知度や人気度がわかります。数が大きければ、ターゲットが広く、今後も需要が見込める可能性が高いでしょう。また、**ターゲットが狭くても、その業界内に飛び抜けている企業がいなければ、そこでトップを取れる可能性もあり、成長性が期待できるかもしれません。**

投資家の評価はどうなっている?

上場企業であれば、**株価の上昇率ランキングをチェックする**のも1つの手です。投資家は、今後の成長可能性を考えて企業に投資します。企業の成長性、業界の成長性の両方の参考になるでしょう。業界別の市場規模ランキングや、市場成長率など公開されているデータを目安にするのもおすすめです。

社会動向と連動しそうな市場は?

ニュースなどを見て、これから世の中に必要とされる事業を予測する方法もあります。たとえば、国が「2030年までに、教育のデジタル化率80%を目指す」と掲げたら、教育支援ソフトなどの大きな需要が予測され、業界が急成長する可能性があります。日々、アンテナを張って社会の動きをチェックしてみてください。

基準②

成長性のある会社

はどこにある?

内定者1000人、学生1000人アンケートから、「成長性」の観点で会社選びをした人の傾向を分析。そこから成長性が見込める会社の特徴を探りました。

● 海外売上比率が高い企業

　海外進出をしている会社は、市場が大きく顧客が多い点で成長性が期待でき、魅力に感じる人が多いようです。特に電気自動車のモーター、半導体関連企業など、**高い技術力を活かしたものづくりの会社**は、今後ますます伸びる可能性があります。また、食品メーカーや農業技術など食の分野においても、**これから著しい市場拡大が見込まれるアジア圏をねらったビジネスは、期待値が高い**と言えます。

● 既存サービスのデジタル化に取り組む企業

　輸送、医療介護、農業、製造など、あらゆる業務がデジタル化、自動化していきます。この領域にいち早く目を向けて参入しているIT関連会社に成長を見込む人もいました。**技術を提供する側はもちろん、工場の自動化など設備投資に積極的な会社も、競争力の向上**という点で、今後勝ち残っていく可能性が高いでしょう。

● 社会課題の解決に取り組む企業

　石油に代替する新エネルギー事業や環境負荷や高齢化問題に目を向けたモビリティ事業、地方創生事業など、**国をあげて解決を目指している分野を事業にしている会社に、安定性・成長性を感じる人も多い**ようです。また、自然災害の増加にともなって需要増が見込める保険会社に目をつけた人も。社会の動きを先取りした視点が重要です。

市場の成長性が決め手

内定者のコメント

半導体業界は 2020 年から 2030 年にかけて市場が 2 倍になると言われているので、半導体製造装置業界も今後さらに成長しそうだなと思い入社を決意しました。（半導体メーカー内定）

入社を決めた理由は、最近でも大きく成長している企業だったからです。ホームページから成長理由が読み取れて、今後に期待が持てました。（IT コンサルティング会社内定）

インターネットで買い物ができる時代だからこそ、逆に、接客に力を入れている環境で働きたいと考えていました。これからの少子高齢社会では、ドラッグストアがより必要とされると思い入社を決めました。（大手ドラッグストア内定）

電気自動車が注目され、モーターの需要が高まると考えました。世界の市場でもシェアを獲得できれば、さらに成長していく企業だと思えたので入社を決めました。
（精密小型モーターメーカー内定）

半導体基板に関する技術力が日本でトップを争う企業なので、今後の成長が見込めたことが大きいです。海外進出も積極的なので世界で活躍できるエンジニアを目指したいです！
（半導体製造装置メーカー内定）

幅広い事業でシェアが高い企業だったので、つちかった技術と新たな事業を組み合わせて、不安定な時代も乗り越え成長していくと思い入社を決めました。（化学製品メーカー内定）

基準 ③

やりたいことができるか

学生1000人に聞いてみた！

学生の関心度　12基準中　第3位

［やりたいことができる］ってどう思う?

自分が働いていて楽しいと思える仕事なら頑張れそう。
（サービス業界志望、学部4年生）

ジョブローテーションがあって、希望を聞いてくれる
会社に就職したい。（メーカー志望、学部4年生）

やりたい仕事でなければ入社してから不満や苦労が
大きくなってしまって、すぐ転職を考えてしまいそう。
（メーカー志望、学部3年生）

自分が興味のある内容に携わることが、仕事の
一番のやりがいだと思う。（メーカー志望、修士課程）

興味があって、熱心になれる仕事がしたいな。
（メーカー志望、学部2年生）

仕事は時間を多く費やすものだから好きな業務をし
たい。（広告・出版・メディア業界志望、学部2年生）

取り組んでいてワクワクするようなことを仕事にするのが理想
だな。（広告・出版・メディア業界志望、修士課程）

心の底からやっていて楽しいと感じて、人のためになってい
る実感も得られる仕事をしたい。（教育業界志望、修士課程）

基準③
やりたいことができるとは?

→ **本人が希望する職種に就け、意見が尊重されやすいこと**

● **総合職は希望職種に就けないこともある**

　たとえば、商品開発がしたいと思って食品メーカーに入社しても、**総合職採用であれば、人事や総務、営業など、商品開発とは関係のない部署へ配属されることもあります。**望んでいる職種があるのなら、それが叶う会社を選ばないとミスマッチになります。特定の専門性がないと就けない職種もありますし、入社後、数年間はさまざまな部署を経験して、それから希望する職種に就く制度を取る会社もあるので、その点は事前に確認しておいたほうがよいでしょう。

● **誰でも平等に活躍ができる環境がベスト**

　また、若手はベテランをサポートする役割のみで、アイデアや意見を出せないなど、**年齢や性別によって平等にチャンスが与えられない会社もあります。**社歴や属性にかかわらず活躍できる会社かどうかの見極めが大事です。

　気をつけたいのは、自分が望むことがすべて叶えられ、提案したアイデアがすべて採用される会社はないということ。会社は、あくまでも利益を追求する組織です。**配属希望や提案の採否はすべて「会社の成長や事業の拡大に役立つこと」を前提としている**ことを忘れないようにしましょう。

やりたいことと、自分の適性が違うこともありえます！
与えられたポジションで、仕事に向き合うのも、決して悪い経験ではありませんよ。

やりたいことができる会社

を探すコツ

採用枠×異動のしやすさ×事例

で考えよう

専門職での採用はある?

総合職は基本的に部署異動があることが前提で、希望の職種に就ける確率は100%ではありません。**絶対に就きたい職種があるならば、専門職に応募するのがおすすめです。** 専門職の採用枠では資格や経験を問われるケースもあるので、募集要項をしっかり確認しましょう。

異動の条件やタイミングは?

総合職でも、一定の期間を過ぎたり、一定の業績をあげるなどの結果を出したりすれば、希望の部署へ異動できる会社もあります。また、**プロジェクトベースでメンバーが変わる組織のほうが、異動のチャンスが多いでしょう。** とはいえ、就職・転職活動の段階での異動に関する話は、会社側があまり好まない傾向があるので、詳細を人事担当者に聞くのは内定が出た後のほうが安全ではあります。

先輩社員の事例は?

採用サイトに掲載されている**社員インタビューなどを見て、入社何年くらいでその職に就いているのかあたりをつけておくと、** 将来のポジションが想像しやすいでしょう。女性活躍や若手活躍の状況についても同様です。OB・OG訪問などでは、この辺りを直接聞いてみるのもよいかもしれません。

基準③
やりたいことができる会社

はどこにある?

内定者1000人、学生1000人アンケートから、「やりたいことができる」という観点で会社選びをした人の傾向を分析。やりたいことができる会社の特徴を探りました。

● ジョブ型採用のある大手企業や外資系企業

　特定分野のスペシャリストを目指す人には、ジョブ型採用・職種別採用など、選考の時点で職種を絞って応募できる会社が人気。**電機、IT、通信など事業分野が広い企業や外資系企業**に多いようです。また、ソニーや富士通ジャパンのように**社内公募制度があり、入社後にやりたいことに挑戦できる機会がある会社**も人気です。

● 実力主義のスタートアップや、規模が大きすぎない企業

　事業規模が大きく組織体制が複雑な会社ほど、管理型・年功序列型の体制を取り、若手の裁量権が小さいことが多いようです。その点がネックで、大企業ではなくあえて中堅企業を選んだ人もいます。また、コンサルティング会社へ入社を決めた人の多くが「若手でも裁量権が与えられる」とコメントしており、主体的に働きたい人から支持を集めています。

● 特定分野に特化した専門企業

　「どの部署に配属されても、音響にかかわれる」との理由で、音響に特化した電機メーカーを選んだ人や、「法人旅行に特化しているから、配属ガチャがない」と個人旅行を扱わない旅行会社を選んだ人など、**その会社が「どこまで特定の分野に特化しているか」を基準にする**ケースもあります。同業他社の比較の際に、ぜひ参考にしてください。

基準③
やりたいことができるのが決め手

内定者のコメント

製薬会社と電機メーカーから内定をもらいましたが、職種確約で内定をいただいた電機メーカーを選びました。
（電機メーカー内定）

プロジェクトの内容が多岐にわたるので、将来やりたいことが変わっても、転職でなく配置転換でやりたいことができる点が魅力でした。（総合コンサルティング会社内定）

製薬に携われて、学生時代の研究を活かせる企業をねらっていました。就活の途中、何度も別業界に行こうか迷いましたが、自分がやりたいことを優先して製薬会社への入社を決めました。（製薬会社内定）

憧れがあったブライダル業界の企業と迷いました。ただ、お客様の幸せや喜ぶ姿に長く寄り添いたいという目標があったので、顧客第一を掲げている建築業界に決めました。
（住宅メーカー内定）

歴史のある大企業ですが個人のキャリアを重視していて、教育環境も整っていました。学生時代からやってみたかったことを叶えられる会社だと思いました。（専門コンサルティング会社内定）

入社を決めた企業には、新規事業に集中できる独立した研究機関があるので、並行してほかの業務をしなくていいところに魅力を感じています。（素材メーカー内定）

自分がやりたい仕事をどのくらいできるのかが決め手になりました。迷った企業では自身の希望が通りづらそうでした。（エネルギーメーカー内定）

基準④

働く意義を感じられるか

学生の関心度　12基準中　**第11位**

［働く意義］ってどう思う?

ほかの誰かへの貢献ができる業務であることが大事。
（金融業界志望、学部3年生）

商品に自信を持つことができれば、営業のモチベーション
が上がりそう。（広告・出版・メディア業界志望、学部4年生）

目に見える形で社会貢献ができると、自分の
仕事が世の中の役に立ったという実感を持てる
と思う。（メーカー志望、学部3年生）

自社の商品に納得し、売りたい、つくりたい、参加したいと、前向
きに仕事に取り組めることが重要だと思う。（メーカー志望、学部2年生）

商品やサービスを、自信を持っておすすめできないような
会社は不正の温床になっていそう。（メーカー志望、修士課程）

自社の商品について隅々まで知り、胸を張ってお客様
におすすめしたい。（IT・通信業界志望、学部3年生）

やりがいを得るには、自分の仕事に自信を持てることが必要
だと思うな。（広告・出版・メディア業界志望、修士課程）

商品を通じて誰かの役に立っていると自信を持てる会社で働き
たい。（流通・小売業界志望、学部3年生）

働く意義を感じられるとは?

→ **その会社で働くことに、価値を見いだせること**

● **役立っている実感が納得感につながる**

社会の役に立つために存在するのが仕事です。だからこそ、**仕事の成果が目に見えれば、やりがいを感じたり、やる気がアップしたりします。** そのため、裏方として社員をサポートする、社内制度を構築するなど、直接的な成果が見えづらい職種の場合は、仕事に対して価値や意義を感じにくいかもしれません。

しかしそのような職種でも、社内で評価されるシステムが整っていれば、会社の一員としての誇りを持つことができます。また、**会社が営んでいる事業自体に社会的な意義があれば、間接的にでも自分が社会に役立っていると感じられる**でしょう。

● **世の中に求められる事業に価値を見いだす**

一方で、接客など顧客と直接やり取りして感謝されるなど、**成果が目に見えやすい仕事は、会社のブランド力やサービスの向上がモチベーションアップにつながります。** 会社の一員として誇りを持てるような会社であれば、日々の仕事に価値や意義を見いだせるのです。大切なのは、どれだけ事業に意義を感じ、愛着を持って仕事に取り組めるかです。

この基準を軸にして就職活動をする人は少ないけれど、仕事に向き合う姿勢やモチベーションを左右する、意味ある基準です。

基準④

働く意義を感じられる会社

を探すコツ

スタンス×評価制度×知名度

で考えよう

ピンチのときにどう動く?

顧客ファーストの会社かを知ることは、会社の一員として誇りを持てるかどうかの判断基準になります。たとえば、目標の売上が達成できなそうなとき、多少、強引な手を使ってでも契約させようとするなど、ピンチのときに顧客とどのように向き合っているかで、会社のスタンスが見えてきます。社員との面談などを通して、このような日常のリアルな対応をそれとなく聞いてみましょう。

昇給・昇格の評価軸は何?

顧客と同様に、社員を大切にしているかを知ることも、日々の業務への納得感や会社への愛着の有無を左右します。これは、評価制度を見ればわかります。頑張っても評価されないのなら、社員を軽視している証拠です。評価基準は、昇給・昇進の条件からわかるのですが、直接人事や会社に聞いても、実態を答えてくれることは少ないでしょう。確認するなら内定が出てから、昇給についての目安を人事担当者に聞いてみてください。

事業・サービスの知名度や社会貢献は?

顧客に愛されたり社会に貢献できたりすると、事業やサービスの存在意義を感じられ、自信を持ちやすくなります。誇りを持てる仕事なら、多少の苦労にも耐えられるでしょう。

働く意義を感じられる会社

はどこにある?

内定者1000人、学生1000人アンケートから、「働く意義」の観点で会社選び
をした人の傾向を分析。そこから働く意義を感じられる会社の特徴を探りまし
た。

● 消費者に直接モノを届ける企業

自分の仕事が多くの人に届いているのを直接見られるという点で、
自社で企画・製造したものを消費者に売るBtoC(対消費者)の会社
を選ぶ人が多いようです。**建設や通信、エネルギーなどインフラ関
連の企業**も同様に、人々の暮らしに欠かせないものを扱っているこ
とから、意義を感じやすいと言えるでしょう。

● 人を救う製薬・医療介護、自然を守る環境関連企業

多くの人の命を救うことにつながることから、**製薬会社や医療機
器メーカー**を選ぶ人もいます。また、世界的に課題視されている**環
境保全に関連するエコ関連企業**も社会貢献度が高く、仕事に充実感
を得られるという点で、内定者からの評価が高いようです。

● 人の心を動かす仕事、対人業務ができる企業

「1人でも多くの人の笑顔を間近で見たい」「人々に感動を届ける
ために働きたい」と、エンタメ関連企業を選んだり、「日常に笑顔
を増やしたい」とお菓子メーカーを選んだりと、**誰かの心を動かす
ことに喜びを感じて、それが叶う会社に入社した人も多い**です。直
接お客様から感謝されてモチベーションを高めながら働きたい人は、
生活に密着し、対人業務ができる会社を視野に入れてみましょう。

基準④ 働く意義が決め手

内定者のコメント

街中で見かける製品に携われるという点で納得できると考え、最終的に自動車会社にしました。（自動車メーカー内定）

私は社会福祉士と精神保健福祉士のダブル受験を目指しているので、どちらの知識も活かせそうな企業を選びました。
（介護福祉施設運営会社内定）

世の中のどの企業でも携わることができない福島の復興に貢献できる点が決め手でした。（電力会社内定）

人の笑顔を間近に見ることができる空間で人々の感動体験のために働けるのは、とてもやりがいがあると思い、入社を決断しました。（イベント会社内定）

2つの大手電機メーカーで迷いました。どちらも生活に密着した製品をつくっていますが、より技術力の高いと思った会社にしました。この技術力で魅力的な製品をどんどんつくっていきたいです！（電気機器メーカー内定）

私は使命感を持って仕事をしたかったので、メガバンクではなく、第一次産業の発展にかかわれて、組合員にも還元できる金融機関に入社を決めました。（公的金融機関内定）

人口減少や作業効率化が問題とされている中で、物流という社会インフラは今後の日本に重要で、需要も絶えないと思いました。（物流会社内定）

やりがいって何だろう？

　同じ仕事に取り組んでも、やりがいを感じる人と、そうでない人がいます。

　それは、充足感や満足感を得る基準が人によって異なり、仕事に対して求めるものも、人それぞれだからです。

　自分が憧れていた仕事内容に携わることがやりがいの人もいれば、自分のスキルが積み上がっていく自己成長に喜びを見いだす人もいます。

　自分のかかわった商品を街中で見かけることがモチベーションになる人もいるでしょうし、そもそも、仕事はお金のためだけと割り切っている人だっています。

　ただどんな仕事でも、基本的にはすべてその商品・サービスを購入する顧客がいます。

　対価としてお金を得るだけでなく、顧客に喜んでもらうことで、働く側にとっても大きな達成感が生まれ、自身のスキルを磨いてさらに大きな仕事に立ち向かっていくエネルギーの源泉になっていきます。

　あなたはこれまで、どんなときに充足感や満足感を得てきましたか？

　どんな会社で働けば、その充足感や満足感を得る経験を、再び味わうことができるでしょうか。

　「やりがい」という言葉を、これまでの人生で経験してきた「充実感を得た場面」に置き換えてみると、自分が仕事で大切にしたいことが見えてくるかもしれません。

「やりがい」基準一覧

Chapter1で紹介した「やりがい」に関する基準をまとめました。今の自分がどれくらい重要だと思っているのか、考えを整理してみましょう。

「やりがい」基準一覧表

基準	ざっくり言うと	見つけ方のポイント
① **専門性** （P36）	市場価値の高い人間になる	・資格取得の支援制度 ・ジョブローテーションが少ない ・個人を評価する制度がある 例：ニッチな業界のパイオニア企業
② **市場の成長性** （P44）	将来的に必要とされる人材になる	・顧客数が多い ・業界に絶対的1位企業がない ・株価上昇ランキングに入っている 例：海外売上比率が高い会社
③ **やりたいことができる** （P50）	希望する仕事ができる	・専門職採用がある ・異動の希望が通りやすい ・先輩の異動実績がある 例：ジョブ型雇用のある企業
④ **働く意義を感じられる** （P56）	そこで働くことに価値を見いだせる	・顧客ファーストの姿勢 ・昇格、昇給の基準 ・商品、サービスが目に見える 例：BtoC企業、対人業務

Part 1

会社選びの12の基準

社 風

Chapter 2

社風とは

　私たち1人ひとりの性格や価値観が異なるように、会社も、それぞれに固有の文化や価値観、理念を持っています。こうした**会社やそこに所属する社員が持つ共通の理念や文化を「社風」と呼びます。**

　学校生活でも「あの学校は自由」「文武両道で校則が厳しい」などの「校風」を経験してきたと思います。その会社版と考えるとわかりやすいでしょう。

　同じ業界でも、会社によって自分にマッチするところとそうでないところがあるのは、会社ごとに「社風」があるからです。

社風を形成する5つの要素

- 経営者のキャラクター
- 理念浸透（会社全体・チーム単位）
- 教育制度
- 採用基準
- 評価制度

　会社のトップの考え方によって、企業理念、教育制度、採用基準、評価制度が異なってきます。経営者のキャラクターは社風の形成には欠かせない要素です。

　また、**経営者が抱く理念が会社全体に浸透しているか、チーム単位でも理念を持って働いているか**も、会社のカラーにかかわる大きなポイントでしょう。

　教育制度、採用基準、評価制度はすべて、社員に対する会社のスタンスが表れる要素です。

● 社員の成長を重視しているのか？
● 社員に何を求めているのか？
● 何をすれば評価されるのか？

　これらから社員を大切にする会社かどうかが見えてきます。

　会社の数だけ「社風」はあります。だからこそ、自分がどんな社風の会社で働きたいのかを明らかにして、ミスマッチを防ぐことは非常に大事です。

　どんな「社風」を好むのか？　その理由は？　この章を読みながら、掘り下げて考えてみてください。

人間関係は良好か

学生1000人に聞いてみた!

学生の関心度　12基準中　第1位

[人間関係]ってどう思う?

休日に同僚と気軽に遊べるのはもちろん、先輩・後輩間でも尊敬し合える関係を築けたらいいな。（メーカー志望、修士課程）

人間関係が良好な職場なら、安心して働けると思う。（志望業界未定、学部4年生）

毎日一緒に過ごす相手なので、良好な関係が築けたら働きやすさにつながるよね。（サービス業界志望、学部4年生）

ストレスを感じやすいから会社選びでも人間関係を重視したい。（流通・小売業界志望、学部4年生）

仕事は1人でするものではないから、人間関係は大事だよね。（IT・通信業界志望、学部4年生）

どんなにやりたい仕事であっても、職場の人間関係が悪いとやりがいを感じられないと思う。（商社志望、学部4年生）

学生時代のアルバイトでは、少し仕事が大変でも人間関係が良好なら楽しく働けたな。（流通・小売業界志望、学部4年生）

メリハリをつけて、楽しく働ける環境が理想だよね。（サービス業界志望、学部4年生）

基準⑤

人間関係が良好とは?

→ **自分らしく振る舞え、上司や同僚と協力関係が築けていること**

● 人間関係を抜きにして、仕事は語れない

退職理由で最も多いのが、人間関係のこじれです。上司とそりが合わない、理不尽な要求をされる、過度に叱責される、同僚と足を引っ張り合う、おかしいと思っても言いたいことが言えない……など、例を挙げればきりがありません。

会社は人の集合体である以上、人間関係を抜きにしては成り立ちません。よりよい関係が築ける会社を選ぶことは非常に重要です。

● 1人ひとりがのびのびと働ける環境がベスト

また、上司や同僚とのトラブルがなくても、同調圧力が強く、個性を尊重されない職場では、自分らしく働くことは難しいでしょう。

個性を認め合い、補完し合っていい成果を求める組織が理想です。**遠慮なく意見が言えたり、社員同士の協力関係が保たれていたり、多様性を尊重する制度や社風があったりする会社であれば、能力を存分に発揮できます。** 1つ言えるのは、何の問題もないパーフェクトな会社はないということ。人がかかわることですから、どんな会社もいいことばかりではありません。

在宅ワークが多い会社では、コミュニケーションを円滑に取れるような工夫をしているかどうかがポイント!

人間関係が良好な会社

を探すコツ

社員の会話×口コミ評価×オフィス見学

で考えよう

どんな人が集まっている?

1人だけでなく3人以上の社員と話をしてみると、どんな雰囲気の人が多い会社なのかが見えてきます。社員同士が会話するときの態度を観察すると、社内の様子が想像できます。上司と話すときの部下の口調や態度が自然かどうか、過剰な緊張感や違和感がないかを、観察しましょう。

口コミの評価は本当?

会社を口コミで評価するサイトをチェックして気になったことを、聞いてみるのもアリです。ただ、その際は、聞き方に工夫が必要です。たとえば、「頑張って成果をあげたいのですが、なかなか上司からの支援を受けられなかったという口コミを見ました。実際はいかがですか?」など、**聞きにくいことは、「そこで頑張る意欲があるからこそ、懸念を払しょくしたい」という気持ちで尋ねる**のがポイント。相手の反応を探ります。

オフィスを見学させてくれる?

社員が働いているオフィスを見学するのも、社風を肌で感じられる手段の1つです。面接の際などに「**実際に働いている皆さんの様子を見て、ここで働くことをイメージしたい**」など、前向きな理由を伝えてお願いしてみましょう。

基準⑤

人間関係が良好な会社

はどこにある?

内定者1000人、学生1000人アンケートから、「人間関係の良好さ」の観点で会社選びをした人の傾向を分析。そこから人間関係が良好な会社の特徴を探りました。

● 採用人数の多い大手の安定企業

「困ったときに支え合える同期の人数が多い」「社員数も同期の数も多いので、さまざまな価値観に触れられてその分成長できる」といった理由で、規模の大きな会社を選んでいる人もいます。**人数が少ない職場では、合わない人がいると影響が大きい**ですが、多数の中の1人なら許容できるという考え方ができるかもしれません。

● 大企業のグループ会社や子会社

「大手金融機関の子会社は穏やかな雰囲気だった」「大手通信会社のグループ会社は、意識が高すぎなくて優秀な人が多い」「大手金融機関のグループ会社は、堅苦しくない」などの声が聞かれました。**大手企業の本社ほど競争が激しくなく、それでいて大手企業の傘下であるという安心感がある**からかもしれません。

● 3年以内離職率が低いBtoBの安定企業

厚生労働省の調査によると、大卒者の3年以内離職率が高い業界トップ3は、宿泊・飲食、生活関連・娯楽、教育・学習支援でした。**離職率が低い業界は、電気・ガス・熱供給・水道、鉱業・採石・砂利採集、製造、金融・保険など**です。社員数が多いほど離職率が低く、社員数「5 〜 29人」と「1000人以上」では、倍近い差があります。

※新規学卒就職者の離職状況(令和2年3月卒業者)

基準⑤

基準⑤
人間関係が決め手

内定者のコメント

選んだ企業には一緒に働きたいと思える社員の方が多かったのが決め手です。真面目にコツコツと取り組みながら、内には秘めた熱い思いなどがある方が多く、私もそんな社会人になりたいと思いました。（総合電機メーカー内定）

どの企業も違った魅力にあふれ迷いましたが、最後はかかわる人の温かさで決めました。（医療機器、医薬品メーカー内定）

私は熱い考えを持っている人とともに、切磋琢磨しながら成長できる環境で、新しいことにも挑戦できるかどうかで企業を選びました。（地方銀行内定）

ほかの企業では感じられなかった会社の雰囲気や、社員の方の人柄に惹かれ入社を決めました。多様性を受け入れる雰囲気が浸透していることも魅力でした。
（電子部品メーカー内定）

面接中は笑顔で話を聞いてくださり、内定後は親身に相談に乗っていただけるなど、ほかの会社にはなかった社員の方々の人柄で入社を決めました。企業理念からも社員を大切にしているのが伝わりました。（地方銀行内定）

社員の方の魅力が自分の中での決め手でした。社員の方々が話しているのを見て、入社してから自分がその中に入って話している姿が想像できたのが大きいです。
（電子部品メーカー内定）

会社との関係性が適切か

学生1000人に聞いてみた！

学生1000人に聞いてみた！

学生の関心度　12基準中　第10位

［会社との関係性］ってどう思う?

社員同士思いやりを持ってアットホームな雰囲気の
ある会社が理想だな。仕事の相談がしやすそう。
（医療・福祉業界志望、学部4年生）

社内の教育制度が充実して相談しやすくて、飲み
会や会社行事に縛られないメリハリのある関係が
理想。（メーカー志望、学部2年生）

アットホームで家族みたいな会社なら、年齢役職関
係なくどの人にも話しかけやすく、働きやすいと思う。
（商社志望、学部4年生）

20代のうちから成長するためには、多少の残業を強いられても、
全力で仕事に取り組みたい。（コンサル業界志望、学部2年生）

メリハリをつけられたほうが、仕事のパフォーマン
スも上がりそう。（志望業界未定、学部2年生）

僕は上司に気軽に質問できる関係になりたい。会社の
飲み会も悪くないと思う。（メーカー志望、学部3年生）

平日は目一杯仕事して、休日は仕事の関係ではない友人と会っ
てリフレッシュしたいな。（IT・通信業界志望、学部3年生）

オンオフがはっきりしている生活を送りたいから、会社の人とは
プライベートでは会いたくないな。（志望業界未定、学部3年生）

基準⑥

会社との関係性が適切とは？

→ **自分にとって心地よい距離感で、会社や仕事と向き合えていること**

● **会社と社員の関係性が大きく変化**

昔は、終身雇用が当たり前だったため、会社は長く付き合っていく社員と、家族に近しい関係になっていました。そのため、社員旅行や休日の交流も積極的に充実させ、関係性をより深めていくことを重視していたのです。それは多くの社員にとっても、有意義な機会として受け入れられるものでした。

しかし最近は、かつてのような会社との密な付き合いを好まない人が増えています。たとえば社員旅行ひとつとっても、業務時間外として実施していた会社がほとんどでした。しかし今では、任意参加なのか？　業務時間扱いなのか？　といった前提から議論するケースも出てくるなど、**働き手の価値観の変化とともに、会社側が社員との関係性・距離感に配慮をするようになってきました。**

● **自分自身が心地よい距離感を知っておく**

仕事とプライベートを明確に区別する風潮が高まっています。それによって個人主義が過剰になり、社員が知らぬ間に孤立を深めるケースもあり、そのバランスはなかなか難しいと言えます。**会社とどのくらいの関係性で付き合うのが心地よいのか、自分なりの基準を持っておく**と、会社選びの材料になるでしょう。

同じ業界の先輩の話が聞けると思えば、会社のコミュニティにもメリットはあります。0か100かではなく、適度な距離で付き合えるといいですね。

基準⑥ 会社との関係性が適切な会社

を探すコツ

チーム貢献度の評価 × 社内行事

で考えよう

チームへの貢献度は評価される?

会社が社員とどのような関係性を求めているか、**見分けるヒントになるのは組織の評価体制です。**個人の成績や数字が重視される組織では、社員同士はライバルとして、切磋琢磨する関係性となり、ドライな関係になりやすいでしょう。一方、個人成績だけでなく、チーム成果への貢献度が評価される場合、会社は社員同士の協力体制を重視していると言えます。チームワークにより社員の組織への帰属意識が高まります。日本の高度経済成長期を支えた要因の1つには、社員の連帯感から生まれる信頼関係やモチベーションの高さがありました。行き過ぎた個人成果重視の反省から、チームへの貢献度を評価し、社員同士の一体感を高めようとする会社もあります。

社内行事や飲み会はある?

家族的でアットホームな関係性を求める企業では、スポーツイベントや社員旅行、忘年会や新年会など、社内同士で社員の関係性を深めることに熱心です。もちろん、これによりチームワークが向上するなどのメリットもある一方、組織への帰属意識の強制と感じて負担に感じる人もいます。実態をOB・OG訪問などで社員に直接聞いてみましょう。**自由参加なのか強制参加なのか、開催日は就業時間外(就業後や週末)なのか、参加してみての感想なども参考になります。**また、社員同士でプライベートな話をするのか、同僚や上司と飲みに行くことがあるのかなども尋ねてみましょう。

基準⑥

適切な関係性が保てる会社

はどこにある？

内定者1000人、学生1000人アンケートから、「社内行事」「アットホーム」「帰属意識」の観点で会社選びをした人の傾向を分析。適切な関係性を保てる会社の特徴を探りました。

● 制度が整っている大企業やグループ会社

社内イベントの有無などは個々の会社で判断するしかありません。ただし、勤務時間の管理がしっかりしている、有給休暇が取りやすい、リモートワークができるなど、**プライベートを大切にできる環境が確立されているのは、大企業が多い**ようでした。そのグループ会社も同様の制度を採用していることが多いため、プライベートの時間を重視する就活生からの支持が厚い傾向にあります。

また、企業規模にかかわらず、チームビルディング研修やハラスメント対策など、「適切な関係性」の構築について制度が整っているかどうかも参考になるでしょう。

● 週の休みが土日の業界、平日の業界

不動産業、サービス業などは土日出勤の代わりに平日に２日の休みが取れる企業が一般的です。こうした業界はほかの業界の友人と休みが合いにくいため、同じ業界の人や、会社のコミュニティで休日に集まる機会も増えやすいようでした。

もちろん、メリットもあるので、自分の価値観で選びましょう。なお、平日休みの会社の場合、２日連続の休みが取れるかどうかは非常に重要です。事前に確認しましょう。

会社との関係性が決め手

内定者のコメント

別の会社の選考を進めようか迷っていましたが、プライベートの時間を確保できる職種のほうが自分らしく働けると思い入社を決めました。（食品メーカー内定）

社員の皆さんがイキイキしていると感じられたのが大きいです。仕事とプライベートの両立ができ、働きやすそうな会社だと思いました。（電気機器メーカー内定）

先輩社員の方々が「職場がアットホーム」「職場のみんなで新人を育てていく」と仰っていて、待遇より職場の雰囲気の良さを求めていたところがあるため自分にピッタリだと思いました。（電子部品メーカー内定）

新卒採用を始めたばかりの会社のため、ベンチャー企業のようでガツガツと働くような社内の雰囲気に魅力を感じました。こんな環境で自分も成長したいと思いました。（ソフトウエア開発会社内定）

2社に内定をもらいましたが、仕事とプライベートはしっかり分けたかったので、休みも社内の同僚と遊ぶこともあると聞いた会社はやめて、外資系の会社に決めました。（システム開発会社内定）

リモート勤務も多いと聞いたので、先輩社員の方との交流ができる制度が整っていることも重視して今の会社に決めました。（出版社内定）

基準 ⑦

理念に共感できるか

学生1000人に聞いてみた！

学生の関心度　12基準中　第9位

［企業理念］ってどう思う？

企業理念は、給与以外での働く理由になると思う。
（志望業界未定、修士課程）

自分と企業との方向性にギャップがあるとストレスの
原因になりそう。就職後の「働きやすさ」にもかかわ
るよね。（サービス業界志望、学部3年生）

仕事に力を注ぐためにも、企業理念に共感できる会
社がいい。（サービス業界志望、学部4年生）

どんなに好きな仕事ができても、理念に共感できないと
働きがいを感じにくいと思う。（商社志望、学部2年生）

自分の幸せについての価値観と、その企業の理念とのすり合
わせができているといいな。（流通・小売業界志望、学部4年生）

企業理念の目指す先が自分の目指す社会や未来
と同じだったり、誇りを持てる職場で働きたい。
（メーカー志望、修士課程）

SDGsに対して課題解決に向けた具体的なアプローチを行って
いるかは、重要視したいな。（志望業界未定、学部3年生）

自分の成し遂げたいことを会社全体で取り組めると
いいよね。（メーカー志望、学部3年生）

理念に共感できるとは?

→ **会社が目指す世界観を社員として叶えたいと思えること**

● **船の乗組員として同じゴールを目指せるか?**

　誰のために何をするのか、その結果どんなことを成し遂げたいのかは、会社ごとに異なります。理念に共感できていれば、会社の一員としての役割を実感しながら働くことができ、やりがいを感じられるでしょう。

　会社を1つの船と考えたとき、自分が行きたいと思う目的地を目指す船でなければ乗りたいとは思わないはずです。**「この船に乗って、ここを目指すのだ」という会社の方向性が自分の方向性と同じであることは、仕事をするうえでのモチベーションアップにつながりますし、その会社で働くことを誇りに思うきっかけにもなる**のです。

● **表面的な部分ではなく、深くその会社を知る**

　同じ業界、同じ職種であっても、経営者の考え方や目指すゴールによって、理念は異なります。ですから、安易に待遇や福利厚生の充実度だけで比較してしまうと、後から違和感を覚えたり、居心地の悪さを感じたりすることも。就職活動の際に理念の部分をしっかり見極めて、共感できる会社と縁を持ちましょう。

最近は「パーパス」として、自社が社会に果たすべき役割について、明示する会社も増えてきています。

理念に共感できる会社

を探すコツ

ストーリー×評価への落とし込み

で考えよう

理念ができた背景とは?

理念そのものはもちろんのこと、その理念ができた背景やストーリーに目を向けてみましょう。そこから理念への理解が深まります。学生に向けてメッセージを発信している採用ページだけでなく、**別の媒体での社長へのインタビュー記事などを読んでみる**と、創業当時の想いやこれから目指す方向性を知ることができます。

理念はどう仕事に反映されている?

すばらしい理念があっても、それが事業や日頃の業務に反映されていなければ、意味がありません。**その会社ではどんな行動が評価されるのか、社員は何を基準に行動しているのかを知ると、理念に沿って事業を展開できている会社なのかがわかります。**「御社では、どのように経営理念が評価制度に反映されていますか?」と質問してみましょう。

基準⑦

理念に共感できる会社

はどこにある?

内定者1000人、学生1000人アンケートから、「理念への共感」の観点で会社選びをした人の傾向を分析。そこから理念に共感できる会社の特徴を探りました。

● ビジネスの目的が明確なスタートアップ企業

スタートアップ企業とはそもそも、「これまでにないイノベーションによって社会課題を解決したり、新しいビジネスモデルをつくったりする目的で立ち上がった企業」のこと。そのため、**事業を通して何を目指すのかが明確で、理念が日々の業務にダイレクトに結びついている**ことが多いため、理念の部分で共鳴しやすいでしょう。

● 社員を大切にし、離職率が低い企業

内定者が共感している理念で最も多いのは、**「社員第一」「従業員の幸せを願う」**といった、**社員を大切にする姿勢**。こうした理念は評価制度や昇給制度などの形で反映されていることが多いので、それに社員が満足していれば離職率は高くならないはずです。そう考えると、**離職率が1つの物差し**になりそうです。

● 社長との距離が近い企業

会社の経営方針を決めるのは社長。その言葉に共感できるなら、そこで働く意味を見いだしやすいでしょう。内定者アンケートでも「社長が代わってから事業変革のスピードが速く、ついていけるか心配になった」と、あるメーカーの内定を辞退した人、「社長の話を聞き、同業他社とは違うと感じた」と畜産飼料業の企業への入社を決めた人など、社長が決め手になった人が多いようです。

理念への共感が決め手

内定者のコメント

私がこの企業を選んだ理由は、企業理念として「自分のキャリアは自分で築く」ことを掲げていたから。意思表示をすれば仕事をまかせてくれる環境は魅力的です。(総合電機メーカー内定)

企業の掲げる「ユーザーを想定したコンテンツづくり」の企業理念が、自分の就活軸に当てはまっていたので入社を決めました。(システム開発会社内定)

一番の志望動機は企業の理念に共感したことですが、それを社員の方が体現されていることを肌で感じられたことが大きいです。(総合商社内定)

伝統的な着物屋らしさを残しながら、新しい層へアピールする姿勢がすてきで、入社を決めました。企業の強みを活かして他社にはない商品の魅力を広めたいです。(アパレルメーカー内定)

選んだ理由は企業理念に共感したからです。他社ではオンライン面接でしたが、対面で面接していただけたので、より社員の方の温かさを感じられたことも大きいです。(生命保険会社内定)

私の就職軸だった「人の夢や願いを応援する」が、企業の理念と合っていて共感できました。私の強みである英語力も活かせそうだったことも決め手です。(クレジットカード会社内定)

OTC医薬品や検査薬などにも興味がありました。アンメットメディカルニーズに応え続けたいという企業理念に強く共感したので入社を決めました。(製薬会社内定)

基準 ⑧

企業の倫理観

学生の関心度　12基準中　第12位

［企業の倫理観］ってどう思う?

OB訪問で「彼女はいるの?」とか聞いてくる会社は、職場でもプライベートのことに口出しされるのか不安になる。（メーカー志望、修士課程）

財政管理や社内規定がしっかりしている企業は、他社からも信頼がありそう。（金融業界志望、学部2年生）

ハラスメントなどが起こらないストレスフリーな会社で働きたい。（志望業界未定、学部2年生）

パワハラのある環境で何十年も働き続けることは精神的に苦痛だと思うな。（金融業界志望、学部3年生）

パワハラやセクハラがない環境だと、誰にでも相談しやすくていいと思う。（サービス業界志望、学部2年生）

大学の研究室でハラスメントまがいな対応をされて困ったから、ハラスメント対策は重視している。（不動産業界志望、修士課程）

社員同士が多様性を理解していて、尊重し合っている企業で働きたい。（金融業界志望、学部4年生）

人を大切にしていて、新しさに関係なくよいものは取り入れて世界をよりよくしようとする企業が理想。（IT・通信業界志望、学部3年生）

企業の倫理観とは?

→ 社員を大切にする会社か、健全な経営を行っているかは、働き方を決める重要な基準

● ブラック企業か否かは早めに見極める

パワハラ、セクハラだけでなく、**日頃からサービス残業が多い、休日出勤があるけれど代替休暇が取れない、有給休暇を取ろうとすると文句を言われるなど、ブラック企業的な文化が根付いている会社もあります。**過剰な接待や就業後の飲み会が多いなど、プライベートな時間を取れないような環境を避けたい人も多いでしょう。ブラック企業的な会社はしっかり見極めて候補から外します。

● ワンマン経営や男女差別にも注意

経営者の「鶴の一声」ですべてが決まり、それに社員が振り回されているといった悪しき組織文化がある会社では、仕事は言われたことをこなすだけのものと化してしまいます。**自由に意見が言えるか、上下関係の緩やかさは大切にしたい基準です。**

また、男女で仕事内容に差をつける、女性は昇格が難しいなど、まだまだ男尊女卑が根深い会社もあり、同じ職種で採用されても、女性は補助的な役割しかまかせられないケースもあるので、その点も注意しましょう。

「ハラスメントはありますか?」と聞いて「はい」と答える企業はありません。自身でブラック企業のにおいをかぎ分け、避けるしかないのです。

基準⑧
倫理観のしっかりした会社
を探すコツ

離職率×ハラスメント対策×口コミ
で考えよう

社員の男女比や離職率は?

社員や役員の男女比は、ホームページに公開されていることもあります。**上場企業であれば東洋経済新報社が発行している『就職四季報』をチェックしてみましょう。**これには、3年前に入社した新卒者が3年間でどの程度辞めたのかを表す指標である「3年後離職率」のほか、残業時間や残業代についても掲載されています。

ハラスメント対策をしている?

「ハラスメント研修」「コンプライアンス研修」など、会社をあげて健全な経営を行うためのしくみを設けているのかを確認しましょう。「御社では、ハラスメントやコンプライアンス違反などに対する対策をどのようにしていますか?」と会社説明会などで質問もできますが、オフィシャルな質問で得られるものは少ないでしょう。

悪い口コミは書かれていない?

シンプルに**「社名＋パワハラ」「社名＋ブラック」などで検索をしてみましょう。**ちょっとしたトラブルなど軽い事案を、わざわざ書き込む人はいません。ネット上にコメントが書き込まれているということは、その人が相当な嫌な思いをしたからこそだと考えていいでしょう。また、**労働基準法令に違反すると労働基準監督署から指導が入り、公表されます。**リスクヘッジとして、確認しておきましょう。

倫理観のしっかりした会社

はどこにある?

内定者1000人、学生1000人アンケートから、「ブラック」「ハラスメント」などのキーワードを抽出し、傾向を分析。倫理観のしっかりした会社の特徴を探りました。

●「脱ブラック」を実践している大手企業

　2020年施行の「改正労働施策総合推進法（パワハラ防止法）」により、**ハラスメントの具体的な防止措置が企業に義務化され、大手企業から労働環境が改善されつつあります。**2022年4月からは中小企業にも義務づけられ、取り組みが始まっています。

●「ブラック企業大賞」など外部視点も参考に

　労働組合役員やNPO法人の代表、作家、弁護士や大学教授などで構成される委員会が選ぶ「ブラック企業大賞」。この賞にかつてノミネートされた企業の内定を辞退したという学生の声がありました。**ブラック企業の傾向として、残業時間の多さ、有給休暇の実際の取得率の低さ、新卒3年後離職率の高さ**が挙げられるので、これらも参考にしてみましょう。

●「固定残業代」制度のある会社は要注意

　一定時間分の時間外労働などについて割増賃金を定額で支払う**「固定残業代（みなし残業代）」制度を利用し、長時間労働を課す企業は少なくありません。**すべての企業がそうとは言い切れませんが、「固定残業代」制度のようにあらかじめ残業代を支給する企業は、警戒したほうがいいかもしれません。同様に、労働組合があるかないかも選ぶ目安になるでしょう。

基準⑧ 企業の倫理観が決め手

内定者のコメント

過去に不祥事を起こした会社は、経営層に法令より利益を優先するブラックな傾向があるのかなと思って辞退しました。（住宅メーカー内定）

応募者が多い企業でしたが、すべての選考の連絡が他社より早かったことに驚きました。企業としての誠意が感じられたことが入社を後押ししました。（学習塾運営会社内定）

口コミサイトで書いてあるパワハラについて心配だったので、仲のいい部活のOBの社員に聞いてみたら、きちんと社内で再発防止の教育をしているとわかって、逆に安心しました。（建設会社内定）

入社を迷った大企業がありました。ただ、その会社は社員の方から、ピリピリとした雰囲気を感じました……。私は長く勤めたかったので、育成が手厚いほうの企業を選びました。
（不動産販売・仲介会社内定）

大手IT企業2社から内定をいただきましたが、日系企業の年功序列的な制度よりも、外資系企業の実力をフラットに評価してくれる社風が魅力的だったので、最終的に外資系企業を選びました。（ITコンサルティング会社内定）

「楽しく取り組む」をモットーにしている企業で、社員の皆さんがイキイキと働いていて、お店全体に活気がありました！　この雰囲気のよさから入社を決めました。（菓子メーカー内定）

ハラスメントとは

厚生労働省では次のように類型を整理しています。

パワハラの主な種類

身体的な攻撃	蹴ったり、殴ったり、体に危害を加える
精神的な攻撃	脅迫や名誉毀損、侮辱、ひどい暴言など精神的な攻撃を加える
人間関係からの切り離し	隔離や仲間外れ、無視など個人を疎外する
過大な要求	業務上明らかに不要なことや遂行不可能な業務を押しつける
過小な要求	業務上の合理性なく、能力や経験とかけ離れた程度の低い仕事を命じる、仕事を与えない
個の侵害	私的なことに過度に立ち入る

セクハラの主な種類

対価型 **セクシュアル ハラスメント**	労働者の意に反する性的な言動に対して拒否や抵抗をしたことにより、その労働者が解雇、降格、減給される、労働契約の更新が拒否される、昇進・昇格の対象から除外される、客観的に見て不利益な配置転換をされるなどの不利益を受ける
環境型 **セクシュアル ハラスメント**	労働者の意に反する性的な言動により労働者の就業環境が不快なものとなり、労働者の能力発揮に重大な悪影響が生じるなど、その労働者が就業する上で見過ごせない程度の支障が生じること

　「労働施策総合推進法（パワハラ防止法）」は、2022年4月から、大企業だけでなく中小企業も事業主の義務となりました。下記の①〜③の要素をすべて満たすものが、職場における「パワハラ」と見なされ、「防止のために講ずべき措置」が定められています。

パワハラと見なされる要素

① 優越的な関係を背景とした言動

業務上、言われた側が抵抗や拒絶できない可能性が高い関係内で行われるもの
・地位が上位の人からの言動
・同僚や部下であっても、経験が豊富でその人の力を借りなければ円滑に業務が行えない立場の人の言動
・同僚や部下などの集団の言動で、抵抗や拒絶が難しいもの

② 業務上必要かつ相当な範囲を超えた言動

一般常識で考えて、業務上、必要のない、または適当ではない言動

③ 労働者の就業環境が害される

①や②の言動によって、精神的・肉体的な苦痛を受け、仕事をするうえで支障が出ているもの。感じ方については、平均的な働き方をしている労働者が、同じ言動を受けたときに支障を受けるかどうかで判断する

内容をわかりやすくするために言葉を言い換えています。
正確な定義は厚労省のホームページを確認してください。
https://www.mhlw.go.jp/content/11900000/000683138.pdf

社風って何だろう？

ホーソン工場実験を知っていますか？

1927 〜 32年にアメリカで行われた、工場で働く労働者の生産性を向上させる条件についての実験です。工場の明るさや部屋の温度、休憩時間、賃金などさまざまな条件を変化させることで、従業員の生産性がどのように変わるかついて、調査が行われました。

大規模な調査の結果は意外なものでした。明るさや温度などの外的要因は、生産性に影響を与えなかったのです。2万人にも及ぶ従業員インタビューから突き止められた生産性を左右する要因は「人間関係」でした。従業員の仕事への想いや職場の良好な人間関係こそが、労働者の生産性を上げていたのです。

働く側の身になれば、この結果は理解しやすいでしょう。

　ギスギスした人間関係、理解のない上司、足を引っ張る同僚。これらがないだけで、生産性が上がるのは納得できると思います。

　会社で働く間、私たちは時間とスキルを提供します。しかし、そこには必ず人がいます。作業自体は個人で完結するものであっても、対人関係が存在しない仕事はありません。

　だからこそ、ともに働く人とよい時間を共有できれば、ストレスを抱えることなく、そして自分の思い描く発想やアイデアを活かしながら自分らしく働くことができるはずです。

　大切なのは、社員1人ひとりが尊重されるかどうか。会社を選ぶ中で、社員の振る舞いや何げない言動にもアンテナを張って、そこが自分にとって居心地のよい場所になりうるのか、しっかり見極めましょう。

「社風」基準一覧

Chapter2で紹介した「社風」に関する基準をまとめました。今の自分がどれくらい重要だと思っているのか、考えを整理してみましょう。

「社風」基準一覧表

基準	ざっくり言うと	見つけ方のポイント
⑤ **人間関係** (P68)	上司や同僚と協力し、のびのび働ける	・3人以上の社員の会話を観察 ・オフィスを見学する ・口コミサイトの評価をチェック 例：大企業の子会社
⑥ **会社との関係性** (P74)	会社・仕事との距離感がちょうどいい	・チーム貢献度が評価されるのか聞く ・社内行事や飲み会を確認 例：大企業のグループ会社
⑦ **理念への共感** (P80)	会社の世界観に共感できる	・理念ができた背景を知る ・理念が人事評価制度にどう反映されているか聞く 例：スタートアップ企業
⑧ **企業の倫理観** (P86)	ブラック企業ではない	・管理職の男女比、離職率を調べる ・ハラスメント対策を確認 例：脱ブラックを実践している大手企業

Part 1

会社選びの12の基準

働き方

Chapter ③

働 き 方 と は

　仕事は人生のすべてではありません。人生を構成する
要素の1 つが仕事なのです。

　**「どう働きたいのか？」「人生の中で仕事の優先順位を
どうするか？」といった働き方に対する希望は、人生の
数だけ存在します。**

　また、今のあなたが感じていることは、10年後、20
年後には変わっているかもしれません。結婚、子育て、
親の介護、自身の体調の変化など、ライフイベントや人
生の節目に合わせて、興味・関心、考え方は大きく変わっ
ていくからです。あなたはどんな働き方をしたいです
か？　5つの要素から考えてみましょう。

働き方に影響を及ぼす5つの要素

- 勤務地
- 労働時間
- 勤務制度（フレックス勤務・リモート勤務など）
- 休暇制度
- 報酬（賃金だけでなく、納得できる評価やリターン）

　「働き方」を基準にして、勤める会社を決めることは、今の自分だけでなく、これからの人生を大切にすることだと言えるでしょう。

　だからこそ、この「働き方」の要素を重視した人事制度や評価制度をつくり、社員を大事にしている会社も増えてきています。

　つまり「働き方」の制度が整っているかどうかで、その会社が、社員の人生を豊かにすることに目を向けているかが見えてくるのです。

　働く環境は毎日の生活に直結することです。モチベーションの維持や会社への愛着を左右すると言えるでしょう。人生には、さまざまな節目が訪れます。長い目で見て、納得した働き方ができるのか、未来の自分を想像しながら会社を選んでください。

　ただし、業務内容などとは違い、こうした項目は就職活動中では情報を探しにくかったり、人事に確認しにくかったりするものであることも事実です。

　見極めるためのヒントを、本書の解説にも詰め込んでいますので、ぜひ参考にしてみてください。

基準⑨

柔軟な働き方ができるか

学生の関心度　12基準中　第2位

［柔軟な働き方］ってどう思う？

リモートワークを実施できるかなど柔軟性を重視している。（IT・通信業界志望、学部3年生）

特に女性は妊娠、出産などで働き方が左右されやすいから、それに合わせた働き方ができるか知りたい。（メーカー志望、修士課程）

時代に合った働き方ができる会社は働きやすそう。（サービス業界志望、学部2年生）

リモート勤務を選んでも報酬に影響がないことが理想だけど、実際はどうなんだろう。
（IT・通信業界志望、学部3年生）

希望に沿った働き方ができると、長く勤められるよね。（メーカー志望、学部4年生）

リモート勤務で通勤がなくなれば生産性の向上につながる場合もあると思う。（メーカー志望、学部2年生）

自分の好きな形で働いて、モチベーションを向上できたらいいな。（広告・出版・メディア業界志望、学部4年生）

事情に合わせて、働く時間をフレキシブルに動かせるとうれしい。（メーカー志望、修士課程）

Part1

Chapter3

働き方　柔軟な働き方

基準⑨
柔軟な働き方ができるとは?

→ **柔軟な働き方ができれば、ライフイベントを迎えても 仕事を続けられる**

● **法律違反のブラック企業は論外**

　労働基準法には、以下のように、使用者（雇用する会社）に対するさまざまな義務が明記されています。

使用者に対する義務

> ● 原則として、1日に8時間、1週間に40時間を超えて労働させてはいけない
>
> ● 労働時間が6時間を超える場合は45分以上、8時間を超える場合は1時間以上の休憩を与えなければいけない
>
> ● 少なくとも毎週1日の休日か、4週間を通じて4日以上の休日を与えなければならない

　これに違反した場合は、罰則を受けることになりますが、**それでも法を守らない会社が存在します。そうした会社はまっ先に就職先候補から外しましょう。**

● **ライフステージの変化も視野に入れたい**

　年齢を重ねて結婚・出産・育児・介護など、ライフステージが変わるほどに、プライベートと仕事のバランスが取りやすい働き方は重要になるでしょう。

　時短勤務、在宅勤務、有給休暇を取得しやすい環境が整っていることのほかに、リフレッシュ休暇など独自の制度を設けている会社もあります。自身が何を優先して働きたいのかを基準に、比較してみるとよいでしょう。

基準⑨

柔軟な働き方ができる会社

を探すコツ

休みやすさ × モデルケース

で考えよう

休暇は取りやすい環境なのか?

有給休暇が取りやすい会社なのか、夏休みや冬休みなど長期休暇がどうなっているのかは、聞き方を工夫して確認しましょう。「有給休暇は、どんなときに利用していますか?」「夏休みや冬休みは、会社で一斉に取るんですか?」と、休暇がある前提で質問をしてみます。休暇は企業にとってもアピールポイントです。**濁されたり、はっきりした答えがもらえないなら、休みは取りにくいと思ったほうがいいかもしれません。**

取得した先輩のモデルケースはある?

「出産後に復帰して働いている女性がどのくらいいるのか」「男性で育児休業を取得した人はいるのか」など、**ライフステージが変わった際のモデルとなるようなケースを尋ねてみる**のもよいでしょう。
ただし、新興のスタートアップなど、平均年齢が低い会社では、産休や育休を取得していない人の割合が多いので、一概に人数だけで判断をしないように気をつけてください。

柔軟な働き方ができる会社

はどこにある?

内定者1000人、学生1000人アンケートから、「リモートワーク」「育休」「フレックス制」などのキーワードを抽出し、傾向を分析。柔軟な働き方ができる会社の特徴を探りました。

●「IT・通信」はリモートワーク率が高い

　IT・通信系の企業は、最新設備や先進的な制度の導入が早く、コロナ禍でその割合は増えました。その点に魅力を感じてIT・通信系企業を選んだ内定者は少なくありません。総務省の調査※によると、従業者規模別では**2000人以上の企業の85.2%がリモートワークを導入しており、規模が大きな会社ほど非出社に積極的**なようです。

※通信利用動向調査(令和2年)

●子育て支援の充実度の指標となる「くるみん」マーク

　子育てをしながらでも働きやすいかどうかが、入社の決め手になったという内定者は多いようです。客観的な指標としては、**厚生労働大臣から「子育てサポート企業」の認定を受けた企業の証である「くるみんマーク」**があります。また、より高い水準で継続的な取り組みを行う企業は「プラチナくるみん」認定を受けています。女性社員の生の声はもちろん、こうした指標も参考にしましょう。

●女性管理職の数は、働きやすさの目安に

　面接時に「育児をしながら管理職についている女性もいる」と聞き、その会社へ入社を決めた内定者もいます。女性管理職が多いか少ないかは、子育て中の女性社員をサポートする体制があるかないかの1つの目安になりそうです。

基準⑨
柔軟な働き方が決め手

内定者のコメント

私はガツガツ働くタイプではないので、「7.5時間労働」「みなし残業なし」など、ワークライフバランスが取れた働き方ができる企業を選びました。（通信・インフラ会社内定）

 働き方を変えていこうという意欲が、ほかの会社よりも強く感じられる企業でした。オンライン業務や有給休暇の取得のしやすさから内定を承諾しました。（自動車メーカー内定）

週3日のテレワークや有給休暇の取りやすさから、働きやすさを感じて決めました。髪色や服装に制限がないことも決め手の1つです。（web制作会社内定）

 働きやすいかどうかをポイントにしました。入社を決めた企業は、ワークライフバランスの取れた働き方ができそうです。（システム開発会社内定）

働く場所が自由なことがポイントでした。そのため将来を見据えてリモートワークが進んでいて、勤務場所も自由に選べそうな企業にしました。（システム開発会社内定）

 IT業界は収入が高い分、残業が多いことはしかたないと思っていましたが、無理な働き方をしなくてもいい会社とわかり、入社を決めました。（システム開発会社内定）

基準 ⑩

勤務地を選択できるか

> 学生1000人に聞いてみた!

学生の関心度　12基準中　第7位

［勤務地］ってどう思う?

住み慣れた土地で働けたらいいな。
（金融業界志望、学部4年生）

一人暮らしに向いていないから、実家から通える範囲だとうれしい。（流通・小売業界志望、学部4年生）

将来、結婚したときに単身赴任はしたくない。
（医療業界志望、学部4年生）

地元の発展に貢献したいし、実家で両親の手助けもしたい。勤務地の希望が通るかは重要だな。（志望業界未定、学部3年生）

転勤があると生活スタイルも変わると思うから、転勤がないことは重要だと思う。（メーカー志望、修士課程）

私生活と両立するためにも、希望の勤務地を指定できるといいな。（メーカー志望、修士課程）

海外勤務を希望できるといいな。海外での経験を活かしたい。（商社志望、学部3年生）

障害があるから、通いやすいかどうかは重要な基準の1つ。（金融業界志望、学部4年生）

基準⑩

勤務地を選択できるとは?

→ **勤務地の変化は生活に直結するので、自分の意思で選べるのがベスト**

● **転勤を楽しめるかが選択基準**

　転勤などで勤務地が大きく変わると、生活拠点も移さなければならず、生活環境が変化します。 グローバル化が進み、大手企業だけではなく中小企業でも海外拠点への転勤や長期出張がある会社はめずらしくありません。

　転勤にともなう転居を楽しんで受け入れられる人もいれば、なるべく同じところで暮らし続けたいと考える人もいます。後者であれば、地方や海外に拠点がない会社や転勤がない会社を選びましょう。

● **地域限定採用をしている会社もある**

　転勤の有無や、勤務地については「全国転勤あり」「勤務地：○○（転勤の可能性あり）」などと募集要項に書いてあることがほとんど。**労働基準法が2023年に改正され、将来にわたって勤務する可能性がある場所の明記が求められるようになりました。**

　全国に拠点があっても、転勤をせず特定の拠点にのみ勤務する「エリア限定採用」を行っている会社もあります。この場合、転勤ありの採用よりも賃金が低く設定されているケースもあるので、その点もしっかり確認しておきましょう。

> 昼食を買える店は近いか、帰りに寄り道できる店はあるかといった、勤務地周りの環境も、実は生活の質に直結します。

勤務地を選択できる会社

を探すコツ

頻度×期間×拠点の場所

で考えよう

転勤の頻度や期間の目安は?

転勤に抵抗がない場合でも、**頻度や期間、入社後何年ぐらいまで続くのかについては、説明会や面接の場で質問してみる**といいでしょう。長く転勤が続く場合、結婚や家を購入する決断がしにくいこともあります。先のことかもしれませんが、気になるようであれば、尋ねておくことをおすすめします。繰り返しになりますが、「前向きな印象を与える」質問のしかたがポイントです。

転勤の可能性がある場所は?

拠点がどこにあるのかを調べておき、海外も含めて転勤の可能性がある場所を知っておくといいでしょう。一定の範囲に拠点が集中している地方企業であれば、転勤になってもその範囲は限られます。

一方、キャリアアップやスキルアップのために自ら海外勤務を望む人も少なくありません。その場合、「ぜひ海外の拠点で力をつけたいのですが」と意欲があることを示したうえで、転勤をまかせられる条件などを質問してみてください。

基準⑩

勤務地を選択できる会社

はどこにある?

内定者1000人、学生1000人アンケートから、「勤務地」「転勤」「海外赴任」などのキーワードを抽出し、傾向を分析。勤務地を選びやすい会社の特徴を探りました。

● 拠点が多い金融系や大手メーカーは、転勤も多い

支店や支所、地方工場など転勤先が多い金融系企業や大手メーカーを、あえて避ける学生は一定数いるようです。一方で、**拠点が多くても地域限定採用などを実施している企業**もあり、「地元を離れたくない」というニーズとマッチして入社を決めた学生もいます。採用制度をあらためて確認することをおすすめします。

● 保険業界は、エリア指定が充実の傾向

特に女性の活躍が目立つ保険業界は、子育てのしやすさなどを考慮して、**エリア限定採用を設けている企業が多い**のが特徴です。結婚などのライフステージの変化に合わせて、希望を伝え、勤務エリアを変えることができる保険会社もあります。

● 証券会社、大手企業エンジニアは海外でも活躍

「世界で活躍できる人材として経験を積みたい」と海外勤務を希望する学生は、**海外に拠点がある証券会社や大手企業への就職を決めています**。世界を舞台にしたプロジェクトに参画して、能力を磨きたいと考えているようです。外資系企業も海外出張、海外転勤の機会が多く、英語のスキルを活かしたい学生に人気です。

基準⑩

勤務地が決め手

内定者のコメント

海外拠点で働けることが決め手でした。インターンシップで社員の方とお話しする中で、海外志向が強い企業に入社したいと思ったことも大きいです。(自動車部品メーカー内定)

私は関西圏出身ですが、東京や横浜で働けるかどうかがポイントだったので、配属が希望勤務地になる企業に入社を決めました。(オフィス機器販売会社内定)

将来は地元に戻って故郷に貢献したいと考えていたので、地元企業に入社を決めました。(地方銀行内定)

研修の段階で海外の現場を経験でき、長く海外勤務ができそうだったので決めました。(プラント設計・建設会社内定)

都市部での勤務より地方勤務に魅力を感じていたのと、海外駐在に憧れていたので、どちらも叶う企業に入社を決めました。(建材・非金属メーカー内定)

海外市場の開拓が続いていて、海外で活躍できる機会が多そうだったことが決め手です。(食品メーカー内定)

私は全国転勤のある総合職で経験を積み、視野を広げたいと考えていました。悩んでいた企業はエリア職での採用だったので、別の企業の内定を承諾しました。(建設会社内定)

基準 ⑪

報酬・評価に 納得できるか

学生1000人に聞いてみた！

学生の関心度　12基準中　第4位

［報酬・評価］ってどう思う？

適切な評価ができない企業からは社員が離れるし、企業としての成長も鈍ってしまいそう。
（志望業界未定、学部2年生）

自分がしたことをしっかりと評価してもらえるとうれしい。
（金融業界志望、学部4年生）

評価基準をしっかり提示してくれて、納得したったえで報酬決定をしてもらえる企業が理想だな。
（メーカー志望、学部4年生）

働くうえで、何よりも報酬がモチベーションにつながる。
（メーカー志望、学部2年生）

若いうちからたくさんの収入を得られれば、豊かな暮らしができるよね。（メーカー志望、修士課程）

高い評価は、仕事に対する責任感を育てるし、自分の社会的存在も肯定してくれそう。（流通・小売業界志望、学部2年生）

自分の頑張りが数字として明確に出ると、モチベーションにつながると思う。（人材紹介業界志望、学部4年生）

年功序列ではなく、自分のした仕事の価値が報酬という形で反映される会社が理想的だと思う。
（コンサルティング業界志望、修士課程）

基準⑪

報酬・評価に納得できるとは？

→ 労働内容に見合った金額であること、将来の昇給も
大きなポイント

● 月々の給料ではなく年収で考える

やりがいのある仕事でも、給料が低ければ継続が困難です。募集
要項に書かれているのは、手取り金額ではなく基本給であることが
ほとんどなので、実際に生活に使えるお金がいくらなのかをわかっ
たうえで、決断することが望ましいでしょう。賞与が十分にもらえ
るのであれば、月々の給料が少なくても年収で考えて納得できるこ
ともあります。

● 手当ての有無や評価の公平性も重要

たとえば営業職で、月の売上目標達成や、会社が指定する資格を
取得すると手当てが出たりと、独自の手当て制度を設けている会社
もあります。どのくらいずつ基本給が上がるのか、また係長、課長、
部長、事業部長などに昇格するとどのくらい給与がアップするのか
について、明示されているとモチベーションが上がりやすいでしょう。

企業によっては複数の上司による人事査定など、上司の好き嫌い
によって人事評価が偏らない制度をつくっている会社もあります。
人の相性の良し悪しに影響されない査定制度は、納得感を得るため
にも重要です。

査定から個人の感情を排除するしくみに、360度
評価（多面評価）があります。上司のほか、部下、
同僚、他部署の社員など複数の従業員が1人の社
員を総合的に査定します。

報酬・評価に納得できる会社

を探すコツ

モデル年収×インセンティブ×残業代

で考えよう

昇給率やリアルなモデル年収は?

就職・転職サイトなどで「〇〇歳・課長・年収500万円」など、年齢や役職とひもづいた給与を確認できます。ただ、金額は一部の優秀な社員のケースであることも多いので、うのみにしてはいけません。入社3年目、5年目、10年目などで、だいだいどのくらいの報酬を得ているのか、リアルな金額を尋ねるなら、内定をもらった後がベストです。

インセンティブはある?

目標達成をした場合などに、給料とは別に支払われるのが、インセンティブです。これがあれば頑張る動機にもなるので、やる気があることを示したうえで、尋ねてみましょう。同様に、**何を達成したらどんな評価が得られて、報酬アップや昇進などにつながるのか**についても、確認します。

残業代はしっかり支払われる?

「みなし残業代」といって、あらかじめ想定された残業時間分の賃金が基本給に上乗せされていることがあります。その場合、本体ならばみなし分を超えた時間に対する残業代は、別途支払われるべきですが、その部分をあいまいにして追加の残業代が出ない会社もあります。この点についても、内定が出た後にさりげなく聞いてみるのがおすすめです。

報酬・評価に納得できる会社

はどこにある?

内定者1000人、学生1000人アンケートから、「給与」「評価制度」「査定」などのキーワードを抽出し、傾向を分析。評価・報酬に満足しやすい会社の特徴を探りました。

● **年齢ではなく、実力で評価する外資系企業**

日系と外資系のIT関連企業を比較し「努力した分だけ評価される」と感じて外資系企業へ入社を決めた学生の声がありました。また、**日系企業であっても海外に拠点が多い場合は、年功序列ではなく個人の成果によって評価をする**ケースが多いようです。

● **インセンティブ(歩合制)が多い金融・保険・不動産**

営業職は売上目標の達成を求められるため、仕事はハード。しかし、出した成果によって評価を受られるので、透明性が高いのが特徴です。**特に保険営業や不動産営業は、契約件数や金額に応じて、インセンティブが支払われたり昇格したりと、頑張りがいがあるで**しょう。

初任給よりも、生涯賃金に目を向ける

どうしても目先の給与の高さに目がいきがちですが、「20代の給与は高水準だが、それ以降の昇給はかなり厳しいと感じた」「若いときはA社のほうが高いが、生涯賃金で考えるとB社のほうが高いと思い、B社に決めた」と、長い目で見て入社する会社を決めている学生もいます。1つの会社に長く勤めたいと思っているなら、初任給よりもその後を重視しましょう。

報酬・評価が決め手

内定者のコメント

最終的には給与の高さで決めました。給与がどれくらいになるのかは重要なポイントでした。（IT コンサルティング会社内定）

入社を決めた大きな理由は、給与の高さと住宅手当ての支給です。昇給などもしっかりしているので、将来的にもお金の面で不安がないことは大きかったです！
（電気機器保守管理会社内定）

圧倒的に給与がよかったので選びました。年収がすべてではないですが、お金は大事なバロメーターなので、自分の中ではお金（給与）が最優先事項でした。
（設備工事会社内定）

悩んだ 2 社のうち、別の会社のほうが今後の成長性では優れていましたが、平均年収に大きな差があったので、給与の高いほうに入社を決めました。（医療用機器製造会社内定）

この企業を選んだのは、若いうちからでも頑張れば給与が多くもらえる、実力主義の企業だったから。福利厚生がしっかりしていることもポイントでした。（証券会社内定）

自分自身の中での給与の基準に、ほかの企業は届いていませんでした。入社予定の企業の給与は年々上がっていくみたいで、昇給も期待できそうです。（電子機器メーカー内定）

資料

業界別・地域別の平均給与額

業界別・地域別の平均給与額

　国税庁が公開している統計で、平均年収が**最も高い業種は電気・ガス・熱供給・水道業の年収747万円**、次いで金融業・保険業の656万円。厚生労働省が発表した「令和4年賃金構造基本統計調査」によると、**全国の平均月額賃金は31万1800円**。これよりも賃金が高かったのは、5都府県（東京都、神奈川県、愛知県、大阪府、兵庫県）でした。

業界別平均給与額

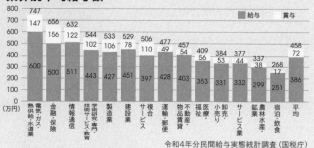

令和4年分民間給与実態統計調査（国税庁）

平均月額賃金ランキング

1位	東京都	37万5500円	45位	沖縄県	25万2000円
2位	神奈川県	33万5600円	46位	宮崎県	24万9600円
3位	大阪府	33万0900円	47位	青森県	24万7600円

令和4年賃金構造基本統計調査（厚生労働省）

年齢ごとの賃金カーブ、男女の賃金格差

　同じ調査で男女別に賃金カーブ（年齢ごとの推移）を見ると、**男性では55〜59歳で41万6500円、女性は55〜59歳の28万円がピーク**です。企業規模別では、従業員1000人以上の大企業の男性と20人以下の小企業の男性では月額平均の差が約8万円もあります。

男女の賃金カーブ

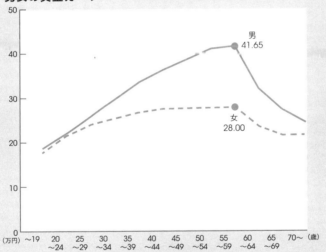

企業規模別の平均月額給料（正社員の場合）

	男性	女性	男女平均
大企業	38万6600円	27万8200円	34万8300円
中企業	33万1200円	25万7000円	30万3000円
小企業	30万8100円	24万1300円	28万4500円

基準 ⑫

福利厚生が
充実しているか

学生1000人に聞いてみた！

学生の関心度　12基準中　第8位

［福利厚生］ってどう思う?

福利厚生の制度がしっかりしていて、
実際に活用されている企業を選びたい。
（鉄道業界志望、修士課程）

福利厚生の充実は働くうえでの納得感や働きやすさにもつな
がるんじゃないかな。（官公庁・公社・団体職員志望、修士課程）

福利厚生がしっかりしている企業は社員のことを
考えている証拠。社員も会社を信頼できるよね。
（IT・通信業界志望、学部2年生）

長く働くためには環境や条件も重要だよね。
（官公庁・公社・団体職員志望、修士課程）

社員にどれだけの価値を見いだしているかの尺
度の1つだと思う。（メーカー志望、学部3年生）

副業を認めているかどうかが気になるな。
（メーカー志望、学部4年生）

有給取得率が高く、生活に役立つ手当てをもらえるとうれしい。
（金融業界志望、学部4年生）

福利厚生が充実していると、もっとこの会社に貢献
しようと思えるね。（メーカー志望、学部4年生）

基準⑫

福利厚生とは?

→ **福利厚生の充実度には、社員に対する会社の想い が表れる**

● **福利厚生には、大きく分けて２種類がある**

　福利厚生とは、月々の給料や手当てとは別に、会社が社員に対し て用意する給付や施設、制度などのことを指します。法律で定めら れている「法定内福利」と企業が独自に定めている「法定外福利」が あり、前者は健康保険・雇用保険・労災保険・厚生年金保険・介護 保険などで、条件により備えられていなければ法律違反となります。

● **何があるかより、活用しやすいか**

　「法定外福利」には多くの種類があり、会社ごとに独自に制定さ れています。ただ、制度として存在していても、実際にそれが活用 しやすくなければ意味がありません。福利厚生によって、従業員が どの程度恩恵を受けているかは、生の声を聞くのがおすすめです。

法定外福利の種類

休暇	バースデー休暇、記念日休暇など
育児・介護	育児休業の延長、介護休暇など
健康・医療	健康診断の実施、がん検診の補助など
通勤・住宅	通勤手当て、家賃補助
慶弔	冠婚葬祭時の休暇、お祝い金やお見舞金など
財形形成	財形貯蓄制度など
自己啓発・スキルアップ	研修参加費の補助など
職場環境	社員食堂の設置、無料の自動販売機の設置など
レクリエーション	社員旅行など

福利厚生が充実している会社

を探すコツ

必要性×利用率×日系企業

で考えよう

自分が必要とする福利厚生は?

会社側としても、**福利厚生は採用時のアピールポイントとなるので、ホームページや採用パンフレットなどで確認できます。**ただし、福利厚生は必要なときに使えなければ意味がありません。実家を出て一人暮らしをするなら住宅手当てが、勤務先から遠い場所に住んでいるなら通勤手当てが重要です。自分にとって何が必要かを考えて、それがあるかどうかを確認しましょう。

社員が実際に恩恵を受けているものは?

OB・OG訪問や、インターンシップなどの際にどのような福利厚生を活用しているかを社員に聞いてみると、形だけの福利厚生になっていないかどうかがわかります。ただし、**内定以前に福利厚生ばかり質問する学生に嫌悪感を示す企業もある**ので、相手を見極めてから聞くことが重要です。

外資よりは日系企業のほうが充実している?

企業ごとに違うので一概には言えませんが、一般的に日系企業のほうが外資系企業よりも福利厚生が充実しています。中には、自社株購入ができる「持株会」への加入など、自社の業績アップが配当として従業員に還元されるしくみがある企業もあります。

基準⑫
福利厚生に満足できる会社
はどこにある?

内定者1000人、学生1000人アンケートから、「福利厚生」「手当て」などのキーワードを抽出し、傾向を分析。福利厚生が充実した会社の特徴を探りました。

●「住宅手当て」の有無が決め手になりやすい

福利厚生に関する声で最も多かったのは、住宅手当てについて。入社を決めた要因とした内定者も少なくありませんでした。新卒でまだ給与がそこまで高くない中、一人暮らしに不安を抱える人は多いようです。住宅手当てがなくても寮を完備している会社もありますから、基準の1つとして検討してみましょう。

● 建設業、情報通信業、製造業は住宅手当て支給率が高め

東京都産業労働局の調査※によると、住宅手当て支給率の平均は39.7%。支給平均金額は1万8448円です。業種別では**支給率が高い順に建設、情報通信、製造でいずれも45%を超えています。**低いのは宿泊・飲食サービス、生活関連・娯楽、運輸・郵便で、いずれも30%を下回っています。従業員数が多くなるにつれ、支給率が高くなります。

※令和4年中小企業の賃金・退職金事情(東京都労働相談情報センター)

● 資格が有利になる専門職や技術職を抱える企業

「資格取得支援が充実している」との理由で、建設会社や運輸系企業、金融系企業への入社を決めた学生の声も。**健康診断・メンタルヘルス相談サービス・インフルエンザ予防接種費用補助など、社員の心身の健康を重視した独自の福利厚生制度がある企業に、**好印象を持って入社した人もいます。

基準⑫

福利厚生が決め手

内定者のコメント

入社を決めたのは、給与面や福利厚生面を充実させて社員に利益を還元しようとしている姿勢が企業から見えたからです。（システム開発会社内定）

入社を決めた大きな理由は「資格取得手当て」「昼食手当て」などの豊富な福利厚生です。研修制度も整っていて社員を大切にしていることが伝わってきました。（電子部品メーカー内定）

ほかの企業に比べて福利厚生（住宅手当て）、賞与などの待遇面が、とてもよかったことが決め手です。（システム開発会社内定）

迷っていた企業には社宅や家賃補助がなかったので、新人のうちは苦労しそうでした……。内定を承諾した企業には社宅制度があり、3割負担で入居できるのも魅力でした。
（オフィス機器販売会社内定）

一人暮らしを考えていたので、住宅手当てが手厚い企業を選びました。業界によっては各会社で福利厚生に大きな差があるので、自分に必要なものがあるかよく考えることが大切だと思います。（給食サービス会社内定）

福利厚生がしっかりしていることが決め手です。特に6〜9割の家賃補助が出ることは、自分にとって大きな魅力でした！
（上下水道整備工事会社内定）

働き方って何だろう？

モチベーションを高める要因に「内発的動機づけ」と「外発的動機づけ」があります。

内発的動機づけは、物事に対する強い関心などから生まれるもので、「興味ややりがい」が該当します。外発的動機づけは、報酬や評価、懲罰や罰則などから生まれるもので、仕事ではまさに「報酬や人事評価、福利厚生」が該当するでしょう。

たしかに内発的動機づけのほうが持続的で高いパフォーマンスを導くという理論もあります。しかし、それだけで仕事を選んでしまうのは非常に危険です。「やりがい搾取」という言葉があります。やりがいによるモチベーションを悪用し、企業が従業員に低い報酬で長時間労働を強いることです。

憧れる人が多かったり、仕事の中でやりがいを得られたりする業界では、正当な報酬が得られるか注意しましょう。

　特に新卒の就職活動では、自己分析を通じて「仕事への興味」や「やりがい」を重視した企業選びが行われがちです。

　だからこそ、一方で「給与」や「福利厚生」も見落とさないように注意してください。「やりがい」を与えられてしまうと、私たちは過酷な状況でも働けてしまうからです。

　成果を出せば公平かつ正当に評価される。法律で定められている有給休暇は遠慮なく取れる。仕事にプライベートをつぶされない。

　当たり前のことのようですが、そうではない会社がある以上、自分で見極めるほかありません。働き方について考えることは、人生について考えることと同じです。

　甘い言葉に惑わされることなく、豊かな働き方、豊かな人生を選択してください。

「働き方」基準一覧

Chapter3で紹介した「働き方」に関する基準をまとめました。今の自分がどれくらい重要だと思っているのか、考えを整理してみましょう。

「働き方」基準一覧表

基準	ざっくり言うと	見つけ方のポイント
⑨ 柔軟な働き方 (P100)	時短勤務やリモート勤務などが選べる	・休暇についての質問への答え方を観察 ・モデルケースとなる例を質問 例：女性管理職の多い会社
⑩ 勤務地 (P106)	希望するところで働ける	・転勤の頻度、期間を確認 ・転勤の可能性のある拠点を調べる 例：地域限定採用を行う保険会社
⑪ 報酬・評価 (P112)	成果を出した分だけ、正当な給与や評価が与えられる	・転職サイトの求人で年収をチェック ・インセンティブの有無を確認 ・評価報酬制度を質問 例：インセンティブが多い金融会社
⑫ 福利厚生 (P120)	社員を大事にする会社である	・必要な福利厚生がある ・社員が実際に恩恵を得ている内容を確認 ・迷ったら日系企業 例：国内の大手企業

Part 2

自分の基準をもとに
「最高の会社」を
絞り込む

自分の「基準」を軸にした
会社の選び方

誰もが安易に思いつく「いい会社」は、
多くの就活生がねらっているため倍率も高くなります。
倍率が高い企業ばかりをねらってしまうと、なかなか
内定がもらえずに就職活動が厳しい戦いになる可能性も。
また、「人気が高い」「親にすすめられた」などと
周りに影響されて企業選択をしてしまうと、
入社後に「自分が求めていた会社とは違った」と
後悔しかねません。

会社選びをするうえで大切なのは、
自分の基準をもとに考えることです。
周囲の意見に流されずに、「自分はなぜ働くのか」
「自分にとって何が譲れないのか」「何が向いているのか」
などを掘り下げて考えてみましょう。

そうして自分の中の基準を固めることで、

自分にとってのよい会社が見つけやすくなります。

ここで注意しておきたいのは、どれだけ探したとしても、

自分の希望を100%満たす会社は

存在しないということです。

すべて自分の希望通りの会社を見つけようとするのではなく、

譲れない評価軸を基準にバランスのよい会社を

選ぶことが重要です。

「若いうちから挑戦する環境があるが、多忙な企業」

「残業がなく有給消化がしやすいが、実力が評価されない企業」

「給与は高いが、ノルマが厳しい企業」など、

どの会社でもそれぞれ自分にとって

よい点や悪い点があることを理解して選択してください。

それではこれまで紹介した12の基準を参考に、

自分なりの会社の選び方を実践してみましょう！

基準をもとに、業務・職種を絞り込んでみよう

▶12の基準を手がかりに、興味のある業界を絞り込む

　まずはPart1で紹介している「12の基準」に戻り、それを満たす会社の探し方について確認しましょう。それをもとに、業界・職種を絞り込んでみます 。

手がかりとなる12の基準

やりがい		社風		働き方	
1	専門性	5	人間関係	9	柔軟な働き方
2	市場成長性	6	会社との関係性	10	勤務地
3	業務内容	7	企業理念	11	報酬・評価
4	働く意義	8	企業の倫理観	12	福利厚生

　業界・職種を絞り込む場合、はじめから極端に絞りすぎないように注意しましょう。**就活は意外な自分の興味や適性に気づける機会でもあります。1つの業界や職種にこだわってしまうと、視野が狭くなり、自分の可能性も狭めてしまいます。**

　また、選考に落ちてからほかの業界に目を向けても、時期によってはリカバリーできません。2 ～ 4業界程度まで視野を広げておくことをおすすめします。

▶「違和感」が会社選びの精度を高める

　本書が紹介した会社選びの基準をもとに、自分にとっての「最高の会社」を見つける手順は以下のとおりです。

最高の会社を見つける6つのステップ

① 自己分析から会社選びの基準をつかむ

② 一通りの業界・職種を把握する

③ 業界・職種研究を深める

④ 企業選びの基準に合った業界・職種を選ぶ

⑤ 業界・職種から企業について調べる

⑥ 実際に企業と接触してリアルな情報をつかむ

　このとおりに会社選びを進めていると、どこかのタイミングで「思っていたのと違った」と感じることがあるかもしれません。その感覚はとても大切です。「なぜ違和感を覚えたのか」「自分の仕事選びの基準とどこが合わなかったのか」を分析してみましょう。

　最初から就活のことがわかっている人はいません。活動をしていく中で、少しずつ企業を見る目が身につき、自分の理想の働き方や自分に合っている業界・企業が定まってきます。

　この違和感を手がかりに、理想の働き方を軌道修正していくことで、自分の基準が明確になり、自分と企業がマッチしているかどうかの判断の精度が高まってきます。 まずは視野を広くするつもりで多くの企業の話を聞いてみましょう。

就活サイトやエージェントを
うまく活用する

▶就活サイトは総合サイトを中心に、複数を使い分ける

　新卒の場合は、まずは就活サイトに登録して、自分の基準に合っ
た業界・職種から企業を検索してみましょう。就活サイトはさまざ
まな種類がありますが、まだ**希望の業界や職種が絞りきれていない
人は、情報量が多い総合型のものがおすすめ**です。また、既卒者が
対象の転職を希望している人向けの転職サイトもあります。「就活
会議」などの口コミサイト・コミュニティ型の就活サイトを利用し
て実際の声を聞く方法もいいでしょう。自分の基準に沿った項目の
口コミを探して参考にしてください。

就活サイトの種類と特徴

総合サイト （新卒向け・転職者向け）	就活・転職に関連するサービス全般を提供
業界・業種特化型	業界や業種に特化。大手企業だけでなく中堅・中小企業の求人が多くあるのが特徴
スカウト・逆採用型	登録すると企業からオファーが届く
イベント情報型	セミナーやインターンシップ、説明会の情報が充実
ノウハウ型	就活のノウハウに関連するコンテンツが充実
口コミサイト・ コミュニティ型	掲示板や口コミを見られる。偏った意見や情報もあるので見極めは必要

就活エージェントや大学のキャリアセンターを頼るのも手です。自分だけでは行き詰まってしまうことも、第三者の力を借りることで新しい視点が得られるかもしれません。

就活エージェントは求職者1人ひとりにアドバイザーがつき、就職活動を支援するサービスです。自己分析の方法や面接のポイントなど、就活に関して幅広くサポートをしながら、適性に合った会社を紹介してくれます。多くの学生を見てきたプロなので、自分では気づかなかった適性を見つけてくれることもあるでしょう。

▶エージェントを使う際の注意点

エージェントは企業の求めに応じて学生を紹介し、内定が出ることで企業から成功報酬を得ています。すぐに辞めるような学生を企業には紹介できません。そのため、ミスマッチが起こらないよう、あなたの適性を真剣に見極めてくれるでしょう。

相手は適職選びのプロです。これまでの就活で感じたことや悩んでいること、希望する条件など包み隠さずに伝えることがエージェントを上手に使いこなすポイントです。

大学のキャリアセンターは、在学中の学生の進路支援や就活支援を行う機関です。**相談に乗ってくれるだけでなく、エントリーシートの添削や面接練習をしてくれる場合もあります。**就活状況を踏まえてアドバイスをもらえたり、学校推薦が利用できたりする可能性もあるため、一度は足を運んでみることをおすすめします。ただし、大学によっては学生数に対して対応できる職員が少なく、順番待ちになることもあるので注意しましょう。

実際に企業と接触して、リアルな情報をつかもう

▶ インターンシップは実質の選考開始

ある程度企業を絞り込んだら、リアルな接触をとおして自分の求める会社か確認する段階に移ります。そこで必須なのがインターンシップとOB・OG訪問です。**インターンシップは実質の選考のスタート**。企業によっては採用につながる可能性や参加が必須の場合もあるため、気になる企業のインターンシップは必ず応募します。

また、インターンシップへの参加は就業環境や企業文化に触れられる貴重な機会です。自分の評価軸にマッチしている部分を確認して、自分に合う企業かどうかを見極めましょう。

▶ インターンシップで志望動機に説得力が増す

自分の会社選びの基準と企業の共通点が見つかれば、志望動機としても使えます。 インターネットで調べた情報だけで志望動機を書こうとすると、誰にでも言えるようなありきたりな内容になってしまいがちです。しかし、自分がインターンシップで経験したこと、話した人、聞いたことをもとに書けば、具体的でオリジナリティのある志望動機を作成できます。

また社員と話せる貴重な機会なので、**自分がその企業に就職するために必要なことを聞いておくとよいでしょう。** 資格取得や業界研究など、この時点からスタートさせることで、ライバルに差をつけられます。

OB・OG訪問は、1人の社員にじっくり話を聞くいい機会になるでしょう。最大限に活用するためには、あらかじめ企業や業界について調べて疑問点や確認したい点を洗い出しておくことが重要です。キャリアパスや残業、評価制度などはここでしか聞けないため、気になることはしっかり確認しておきましょう。

ただし、**企業側に紹介してもらったOB・OGへの訪問は、選考を兼ねている場合もあります。本命企業であるという前提で参加**してください。また、気になる企業では何人か紹介してもらい、多角的な意見をもらうことがポイントです。志望動機をOB・OGに聞いてもらい、企業とのミスマッチについて聞くのもよいでしょう。

OB・OG訪問での質問例

1日の業務の流れについて教えてください。

入社前と比べてギャップを感じることはありますか?

学生のうちに身につけておいたほうがよいスキルはありますか?

入社を決めた最終的なきっかけは何ですか?

働くうえで大切にしている価値観はありますか?

御社で活躍している人にはどのような共通点がありますか?

社員とリアルに接触した際に気をつけるべきことは**「社員の人柄」に惑わされない**ことです。学生は、出会った人事や社員が魅力的だと、すぐにその企業にほれ込んでしまいます。もちろん社員から見えるものも多いですが、その人が会社のすべてではありません。客観的な事実と併せて、自分に合った会社かどうか判断をしましょう。

Q&A 1

どの基準で選べばいいの?

12の基準はわかりましたが、どの基準で
会社を選べばいいのか正直わからないです。

自分の働く姿について想像してみよう。

　企業で働いた経験のない学生にとって「どんな企業で働きたいか」を答えるのは難しくて当然です。たとえるなら、土地勘のない場所でいきなり「どこに行きたい?」と聞かれるようなもの。ガイドブックやSNSで調べてはじめて「ここに行きたい」「楽しそう」と思えるように、**会社を選ぶためには「どんな会社か」を知り、「社会人になった自分の姿を想像すること」が大事**です。

　気になる企業を見つけたら、どのような場所で、誰と、どのように働くのかや、誰に対してどのような価値を提供し、その手段が何なのか考えてみましょう。また、働いていないプライベートな時間をどのように過ごせば、自分は幸せを感じられるのかを考えることも重要です。社会人としての姿を想像し、この働き方が自分に合っていそうだなと思う中から、自分の基準をつくっていきましょう。

> 社会人として働く姿を想像するためには
> どうしたらいいですか?

　まずは**家族や先輩など社会人を経験している人に話を聞いてみましょう。**経歴が同じで価値観も似ていることが多いOB・OGや部活の先輩などもいいですね。

　質問する内容は「仕事内容」や「何をやりがいに感じているか」など。**1日単位、1週間単位で仕事のサイクルを聞くと、仕事中の姿をイメージしやすい**のでおすすめです。まずは直感でかまわないので、話を聞いておもしろそうと思うのか、あまり気持ちが動かないのか仕分けします。それを繰り返すことで「心が動く仕事」の共通点が見つかるはずです。共通点を言語化して自分に合った基準を見つけていけば、道を大きくは外しません。

> 周りに話を聞ける人があまりいません。
> どうしたらいいですか?

　知り合いが見つからない場合は、書籍やインターネットで調べましょう。たとえば**インターネットで「職種名　やりがい」や「職種名　働き方」など気になるキーワードで調べます。**就活サイトの口コミや仕事の体験記を見て、自分と照らし合わせるのもいいですね。

　ただし、書いた人の先入観が入っている点に注意。退職者はネガティブに、内定者はポジティブに書きがちだからです。すべてを信じてしまわないのも大事です。

やりたいことがない場合は?

> 「やりたいこと」が特になくても、
> 自分に合う仕事って見つかりますか?

> 自分に適性のある仕事を見つけよう。

　「やりたいことが見つからない」と悩む人も多いですが、難しく考える必要はありません。**まずは「やりたくないこと」から考えてみてはどうでしょうか。**

　やりたいことが思いつかない人でも「これは嫌だな」と思うものは意外とあります。やりたくないことをすべて挙げていき、見つけた共通点を選択肢から取り除けば、残ったものが「やってもいい仕事」です。

　仕事は1日のうち多くの時間を費やすものです。嫌なものを仕事にすると、ストレスが大きくなってしまいます。「やってもいい仕事」が「やりたいこと」とは限りませんが、少なくとも嫌な仕事は回避できます。

　もう1つおすすめの方法は、「適性のある仕事」を探すことです。「何がやりたいか」に重点を置いて考えていると見落としがちですが、適性のある仕事を選ぶことはとても重要です。

やりたいことよりも、適性がある仕事を
重視したほうがいいということですか?

　やりたい仕事に適性があるのが理想ではありますが、「適性」は、やりがい同様に考慮してほしいポイントです。

　なぜなら、**適性のある仕事なら、成果を出しやすく、できることもどんどん増えて選択肢が広がる**ためです。キャリアアップや収入アップも容易で、モチベーションを維持しやすいこともメリット。できることが増え、入社前と見える景色が変われば「もっと稼ぎたい」「もっと○○で認められたい」と欲が出てきて、やりたいことが見えてくるはずです。

　逆にやりたい気持ちが強くても、適性がない仕事では成果が出せず、悩んでしまうケースも多くあります。

適性がある仕事は
どのように見つけたらいいでしょうか?

　まずは自己分析をしましょう。その際は、**何ができるかというよりは、自分がどんな性格かを分析**します。

　たとえば「細かい」とか「人見知りしない」などの性格は簡単には変わりません。そこから適性のある仕事を見極めれば、選択ミスのリスクを回避できます。

　また、自分をよく知る家族や友人などに客観的な意見をもらいましょう。自分では当たり前と思うことでも、第三者から見ると優れていることもあります。

業界の成長性に
不安がある場合は?

やりたい仕事がありますが、
成長性のない業界で親に反対されています。
あきらめたほうがよいですか?

本当にやりたいことであれば、
飛び込んでみよう。

　やりたい仕事が明確にあっても、周囲の人に反対されてしまうと不安になりますよね。しかし、あなたの人生の決断は、自分の心に従ってしたほうが後悔なく進めます。

　まずは冷静に、反対されている理由や、成長性のない業界に進むとどういう問題があるのかを考えましょう。

　たとえば、「給料が上がりにくい」「長期的なキャリアが築けない」などでしょうか。そのマイナス面と自分のやりたい気持ちを比べてみて、それでも「やってみたい！」と思えるなら挑戦してもいいと思います。

　今や転職することはめずらしい話ではありません。**やってみて「やっぱりこの業界で働いていくのは難しい」と感じたら、転職すればいいのです。遠回りになっても、やらずに後悔するよりは前向きに進める**はずです。

成長性のない業界に
飛び込んで大丈夫でしょうか……。

　前提として、何が起こるかわからないのはどの業界でも同じ。時代の変化が大きな現代では、常識が根底から変わることもあり、どの業界にもリスクは存在します。だからこそ、自分に合った仕事を選ぶことが重要です。

　やりたいことに挑戦するなら、若いうちがおすすめです。独身であれば、たとえ就職後に進路を変更したくなっても身軽に行動できるからです。

　逆に、別の道に進んでもあきらめきれず、10年後に挑戦するとどうでしょうか。家庭を持っている人や、職場で責任あるポジションに就いている人もいるかもしれません。挑戦するリスクが大きくなってしまいます。

やりたい仕事を優先する際に
確認するべきことはありますか？

　一度は視野を広げ、やりたいことの本質を見極めて、ほかの業界でも実現できないか考えてみましょう。意外と他業界でもやりたいことができる場合もあります。

　また、**やりたい仕事ができるまでにかかる期間の確認も重要です。**入社後すぐにまかせてもらえることなのか、下積み期間が長いのか。下積みが長い場合はそれを耐えてでもやりたいことなのかを冷静に判断しましょう。

ステップアップしやすい企業選びとは?

入社後数年したら、
ステップアップして転職したいと思っています。
どういう業界がいいですか?

成長産業がおすすめ。でも努力も重要。

　数年後にステップアップしての転職を考えているのであれば、**成長産業で経験を積むことをおすすめします。**

　成長産業では需要が高いため、仕事が多く人手が不足しがちです。その分、多くの経験が積めます。また、業界全体が伸びているため、かける労力が同じでも他業界より実績をあげやすく、さらに優秀な人材が集まり、周囲から学ぶことも多いでしょう。

　スキルと実績があれば、転職市場での価値が上がり、ステップアップがしやすくなります。「前年比110%を達成した」「新プロジェクトを立ち上げて成功させた」などとアピールができれば、即戦力になる印象になりますよね。

　反対に成長が停滞している業界では、同じ努力をしていても成果が残せず、報われにくいでしょう。

どのような企業を選んだら
いいでしょうか?

　就活をしている今現在だけでなく、数年後も成長が続く企業を見極めることが重要です。**その判断基準の1つに「事業・サービスの利用者数の伸び」があります。**市場の大きさこそが売上の最大値だからです。

　たとえば国内向けの業界は、日本の人口減少とともに需要が減っていくおそれがあります。一方、世界に輸出できる事業・サービスは、世界の人口の伸びに合わせて成長しやすくなります。

転職するまでにしておいたほうが
よいことはありますか?

　もちろん、成長産業に身を置けばどんな人でも転職の際に有利になるということではありません。**どんなによい環境にいても、自分が成長できるかどうかは自分次第**です。

　即戦力が求められる転職では、特に「仕事でどんな実績を出したのか」「何のスキルがあるのか」などが重要視されます。そのため、転職を視野に入れるなら常に成果を出すことを意識しましょう。

　また、「チームとしてではなく、個人の実績が評価される職種や企業のほうが転職の際はアピールしやすい」という視点も、会社選びの要素に入れておきたいですね。

Q&A 5

労働環境を面接で質問してもいいの?

> 憧れている企業がありますが、労働環境が不安です。確認する方法はありますか?

> 面接でストレートに聞くのは避けよう。

　どんなに仕事内容がやりたいことでも、労働環境が自分の求めているものに近いかは確認したいですよね。

　ただし「残業は多いですか?」「有給休暇は取りづらいですか?」のようにストレートに面接で質問すると、働く意欲が低いと思われてしまう危険性もあります。まずは、直接質問する前に自分で調べてみましょう。

　調べるには、企業ホームページや就活サイトのほか、転職サイトや口コミサイトを見るのがおすすめです。

　中途採用向けの求人情報では、新卒採用の求人情報より、給与水準や人事評価について具体的に掲載されていることが多いため、イメージしやすくなります。

　口コミサイトは、退職者など内部を知る人のリアルな声を見られるため参考になりますが、書き込んだ個人の適性や能力の影響を受けるので、特に評価や報酬面については、うのみにしないように気をつけてください。

実際に直接聞くのは
避けたほうがいいですか?

質問する相手とタイミングに気をつけましょう。

まず**質問する相手は、配属を希望する部署で実際に働く**人です。人事担当者は残業時間など実情を把握していないことがあります。説明会やOB・OG訪問、インターンシップなど接触できる機会を使いましょう。

次に**「質問をするタイミング」は、本選考前か内定後が**おすすめです。選考時はすべての言動があなたの印象につながり、合否に影響を及ぼします。条件面をストレートに聞くのは、リスクもあります。

内定後に質問しても大丈夫ですか?

問題はありません。法的に内定は労働契約の一種と理解されているため、**相当の理由がない限り、内定を出した後の企業側からの一方的な取り消しはできません。**

つまり、内定獲得後であれば合否を気にせず、より深掘りして質問できます。内定承諾後に先輩社員に話を聞く機会を設けてもらう、内定者懇談会で確認するなど、入社前に確認できると安心です。

ただし、その後に入社する可能性が高い企業への質問なので、聞き方には注意してくださいね。

人間関係がいい
会社の見極め方は?

> 人間関係がいい企業に入りたいです。
> でも、どうやったらわかりますか?

> 自分にとって人間関係がいい
> とは何かを考えてみよう。

人間関係がいい企業で働きたいと考える人は多いと思いますが、確認するのが難しい項目でもありますよね。

まず定量的に判断するために、企業のホームページや就職四季報で「若手の離職率」を調べます。

仕事に慣れない環境でつらくても、人間関係がいい企業では、その環境に留まる場合があります。逆に、若手の離職率が著しく高い企業は、新人をフォローする人間が少なく、人間関係があまりよくないのかもしれません。

あとは**自分にとっての「人間関係がよい」状態を明確にする必要があります。**自分が求めるものが何かが定まらないと、企業の良し悪しを見極められません。たとえば、社内の交流やイベントが多い企業をいいと考える人もいるかもしれませんし、年齢に関係なく切磋琢磨できる環境がいいと考える人もいるかもしれませんね。

企業の人間関係を判断するうえで
注意するべき点はありますか？

　人間関係は、配属された部署にいる人によっても大きく異なるため、面接で採用担当者に確認してもわからないこともあります。また、人間関係のよさの基準は個人差が大きいので、自分の感覚とは異なることも考えられます。聞いた話だけで判断するのではなく、自分の目で見て判断したほうが確実です。

　たとえば**実際に働くオフィスや店舗を見学すると、社員の様子や社内の清潔感、ホワイトボードに書いてある内容や掲示物などから、職場の雰囲気が感じ取れます**。実際に働いている人にいろいろと質問してみるのもいいですね。

どのような質問をしたら
人間関係がわかりますか？

　「人間関係はどうですか？」のようなざっくりとした質問には、聞かれた側も「いいと思いますよ」などのざっくりとした回答しかできません。

　質問する際は具体的にたずねましょう。たとえば「休憩時間はどのように過ごしているのでしょうか？」と質問すれば、休憩時間は個々で取ることが多いのか、みんなで集まってランチしているのかがわかります。そこから自分に合っているかどうか判断することもできます。

企業理念との一致は重要?

企業理念(ビジョン)との一致って
そんなに大事なんですか?

理念との一致は大前提になるよ。

　企業を選ぶうえで「企業理念に共感できること」は、じつはとても重要です。

　たとえば、「短距離走が得意で駅伝には興味のない選手」が、「駅伝で日本一を目指しているチーム」に加入するとどうでしょう。練習のモチベーションが上がらないし、長所である短距離の速さも評価されません。チームにいる意味も見いだせなくなってしまいます。

　企業選びも同様です。企業の舵取りの方向が、自分と合っていないと、評価されにくく、モチベーション維持が難しくなってしまいます。**一方で企業理念に共感でき、自分と企業の目指す方向が一致している場合は、働きがいを見いだしやすくなります。**強い目的意識が生まれて、どうすれば目標を実現できるか考えて行動できるようになります。意欲が高いので、成果も出やすく評価を得やすいでしょう。自分の仕事に誇りを持てますよね。

> 企業理念を深く理解する
> 方法はありますか?

　企業理念を深く理解するためには、まずは企業理念の背景まで調べましょう。それには、**社長の「企業ホームページ以外のメディアインタビュー」**を探すのがおすすめです。企業ホームページは株主（投資家）に向けてのメッセージが中心で、深く知ることが難しいからです。

　社長（または創業者）の経歴や、どういう思いで仕事をしているのかなど、その思想や企業理念の背景を読み解きましょう。

> 企業理念との一致を
> 志望動機にしてもいいですか?

　企業理念への共感を志望動機でアピールする学生も多いですが、効果的とは言えません。なぜなら、それは企業を受けるうえで大前提だからです。当たり前のことを強調しても評価されず、せっかくのアピールの場がもったいないです。

　また、**志望動機に企業理念への共感を使う学生は非常に多いため、差別化できず印象が薄くなってしまいます。**理念への共感をアピールするなら、「企業理念に共感しているからこその価値提供の仕方」など、一歩踏み込んだ内容にする必要があります。

Q&A 8

裁量の大きい仕事とは?

私は裁量が大きい仕事をやりたいです。
どのように確認したらよいですか?

求める裁量のあり方を考えよう。

　大きな仕事をまかされたい。裁量が大きい仕事をしたいと考える人は多いのですが、「裁量が大きいとはどういうことか」まで考えている学生は少ないように感じます。

　裁量の大きい仕事ができるか見極める前に、自分が考える「裁量の大きさ」を明確にしましょう。**「どれくらいの裁量を」「いつ（何歳くらいで）」「なぜ欲しいのか」この三要素を具体的に考えられるといいですね。**

　ゼロから事業を立ち上げたいのか、億単位のプロジェクトに携わりたいのか、決定権を自分に委ねてほしいのか……。それはいつまでに、なぜ欲しいのか。「裁量」という言葉からイメージするものはさまざまです。

　自分の求める裁量は何なのかを具体化できたら、企業と照らし合わせて、自分が求めている裁量のイメージと異なる点がないか、考えることが重要です。

裁量権があるかどうか聞く際に
意識するべきことはありますか?

　面接やインターンシップ、説明会などの社員に質問できるタイミングでは、「知りたい情報を引き出す質問を投げかける」ように意識してください。**内容を掘り下げて、具体的にしてから質問する**のが重要なポイントです。

　たとえば、「御社は若手に仕事をまかせる文化があると伺っていますが、○○の事例はありますか?」と聞かれれば、企業側も答えやすいですし、具体的に説明できますよね。質問された側が回答しやすいような配慮をすることも大切です。

面接の際に逆質問の内容って
見られているのですか?

　もちろん見られています。**逆質問の内容が具体的であればあるほど、しっかり企業研究をしている印象になり、熱意や志望度が伝わります。**また、自分なりの考えを加えて質問してくれたり、回答した内容についてさらに深掘りして質問してくれたりする学生も好印象です。

　逆に調べればすぐわかることや、「裁量権はありますか?」などの抽象的な質問をしてくる学生に対しては、企業と自分のすり合わせができるせっかくの機会なのにもったいないなと思いますね。

後悔しない会社選びの
方法は？

就活で絶対に失敗したくありません。
後悔しない会社の選び方ってありますか？

適性と実現したいことを考えるのが大事。

　後悔しやすい会社の選び方には「自分の適性を考えずに選ぶ」「その企業で自分が実現したいことを認識しないまま選ぶ」などがあります。

　適性を考えずに就職先を選ぶと、社会に対しても自社に対しても思うように貢献できず活躍できません。評価もされず昇給や昇進も難しくなり、働く意欲も下がります。スキルを成長させる機会も与えられにくく、結果的に何も実現できない事態におちいります。

　また、自分が実現したいことを認識できていないと、方向性が違う企業を選ぶ危険性があります。自分と企業とが同じ方向を向いていないと、成し遂げたいことや自分の存在意義が見いだせず、後悔につながりがちです。

　絶対に失敗しないかといわれてしまうと難しいですが、この2点をクリアできる企業なのか確認しながら就職先を選ぶと後悔しにくいのではないでしょうか。

後悔をしないために
行動できることはありますか?

できるだけ多くの人に会い、話を聞くことです。直接会うことで、企業の雰囲気がつかめますし、見なくてはわからないこともあります。

可能であれば実際に働く予定のオフィスを見に行ったり、同じ職種の社員に話を聞いてみたりしてください。働く姿が想像しやすくなるため、自分に適性があるのかや、自分がやりたいことを実現できる環境なのかをリアルに考えやすくなります。

また、自分をよく知る両親や親しい友人に相談するのもよいでしょう。自分では思いつかなかった視点での意見をもらえるかもしれません。

人の意見は
どこまで参考にするべきですか?

就職先について周りの人に相談して、意見をもらうことは悪いことではありません。

しかし**最後の決断は他人に委ねずに、自分でしましょう。自分の意志で決断しなくては、自分にとってネガティブなことが起こった際に、誰かのせいにしてしまいます。**これでは成長できませんし、前向きに進めません。後悔しないためにも、自分でよく調べてよく考えたうえで決断し、今できる最善の選択をしてくださいね。

最高の会社とは?

> 最高の会社って、
> どうしたら見つかりますか?

> 自分が会社に求めていることを
> はっきりさせることが大事。

　誰しも「自分にとっての最高の会社」を見つけたいと願っているでしょう。

　しかし、最高の会社とは何を指すのでしょうか？　自分の求めることがすべて叶う企業でしょうか。やりがいを持って働ける企業でしょうか。世の中には「すばらしい企業」はたくさんあります。しかしすべてがあなたにとってよい企業とは限りません。誰かがいいと感じていても、自分にとってはストレスフルな環境かもしれません。**すべての人に最高の会社は存在しない**のです。

　最高の会社を見つけるためには、まず**自分が満足感を得られる条件や、自分にとっての最高の会社について考えてみてください。**そしてそれが実現できるのかを確かめながら企業選びをしていきましょう。

　ただ厳密には、選んだ会社が自分にとって最高かどうかは、入社前にはわからないことも覚えておいてください。

どういうことですか?

　どんなに最高の会社になる可能性が高い企業を選んだとしても、最後は入社後の自分次第だからです。**特に評価や報酬面では、自分で努力して結果を残し、最高の会社に自分がしていくしかない**のです。

　働く前から確実に最高と言える会社は残念ながらありませんが、そうなる可能性が高い企業を選ぶことはできます。オフィスを見に行ったり、投げかけ方を工夫した質問をしたり、今まで紹介した「企業を知る方法」は、すべて最高の会社に出会う可能性を上げる行為と言えるでしょう。

最高の会社の見つけ方

インターンシップに参加する　　社長のインタビューを見る

OB・OG訪問をする　　オフィス・店舗を見学する　　自己分析をする

社会人としての自分を想像する　　家族や先輩に相談する

口コミや就活（転職）サイトを見る

自分の基準に合う企業

［入社後］
- 同じ目標を持つ仲間を見つける
- やりがいを感じる
- できることが増える
- 努力して成果を出す
- スキルアップする
- やりたいことが増える

自分にとっての最高の会社

知名度だけで選んでいたら面接が通過できない。企業選びの基準を見直して、面接通過率が上がった

ぺんすたさん（仮名）

DATA 地方私立大学文学部

志望業界 食品・化粧品メーカー → IT業界

——最初の志望業界を選んだのはなぜですか？

　就活を始めるときにまず何からすればよいのかわからなくて、知っている企業にひたすらエントリーしていました。使ったことのある食品メーカーとか、化粧品メーカーとか身近な企業を中心にエントリーしましたね。エントリーしたらインターンシップの紹介も来るし、そういう会社ばかり受けていました。エントリーシートも内定者のものをまねして書いてみたら意外に通って、ついてると思いました。

——選び方を変えたのは、なぜですか？

　面接を受け始めて気づいたのですが、私の志望動機って「その商品になじみがあるから」だけなんですよ。面接で答えていても中身の薄いことしか言えなくて。周りを見ると、ほかの学生も同じなんですよね。だから、有名大学卒とか、語学力があるとか、優秀な人ばっかりが通過していることに気づいたんです。私の経歴だと、みんなが目指す企業を志望しても勝てないと思うようになりました。

——基準の見直しが必要だと気づいたんですね。
　　具体的にはどうしたんですか?

　自分が今まで学んだことが活かせる分野はどこか考えました。文
学部だし言葉による表現について自信があったので、それを活かせ
る仕事にしたいと思いました。また長く働きたいと考えているので、
成長性がありスキルが身につくIT業界に目をつけました。

——IT業界の中でどうやって絞り込みましたか?

　自分の強みの「表現力」と「IT業界」を掛け合わせて、マーケティ
ングに携わりたいと考えました。商品を分析してよさを見いだし、
言葉に落とし込んで訴求する仕事はぴったりだと感じて。
　説明会で男女の垣根がなく活躍できそうだなと思ったのも大きな
ポイントです。ただ育児に配慮されない会社は避けたかったので、
女性の育休取得率や女性管理職比率も企業選びの基準にしました。

—— 志望動機には困りませんでしたか?

　その会社でやりたいことを具体的に言えるよう、業界全体や企業
の特色はかなり研究しました。基準の見直しで、自分と企業の一致
ポイントが明確だったので、なんとなく企業を選んでいたときとは
違い、深掘り質問にも自信を持って回答できるようになりました。

〈 解説 〉知名度が高い企業は、なんとなく受験する学生も集中す
るので要注意。一度立ち止まり仕事選びの基準を見つめ
直したことにより、「自分の強み×基準」を満たした仕
事を導き出せたことが大きなポイントです。

成長できる環境が大事と考えていたが、説明会に参加したら「そんなに頑張れないかも」と不安になってしまった

ゼットチアキさん（仮名）

| DATA | 都内私立大学経済学部　野球部所属
| 志望業界 | 不動産業界

——就活を始めた当初はどうでしたか？

　私は大学で野球部に所属していて、周囲より就活のスタートが遅れたんです。まずは、先に就活を始めた友達の話を聞いて、自己分析で就活の軸を決めました。多少厳しい環境でも成長できる企業が自分には合うと考えて、不動産業界の営業職を志望しました。体育会系のノリが自分には合うし、不動産という大きなものを売ることに憧れたのもあります。

　でも、説明会に参加してちょっと面食らいました。「そんなに頑張れないかもしれない」と感じたんです。働くこと自体も前向きに考えられなくなってしまって。

——不動産業界を志望するのをやめたのですか？

　正直、別の業界も見たのですが、しっくりくるものが見つからなくて……。そこで両親の意見を聞きました。両親は私のことをよくわかっているし、的確なアドバイスをくれるので。そうしたら「まだ働いたことないんだから、不安は当たり前。最初はそういうもの

なの」と言われました。相談して不安を言葉にしていくうちに、これまでも克服してきたことだと気づけたんです。

──過去にも同じような経験があったのですか?

たしかに野球もそうでした。小学1年生で野球を始めたときも、よくわからないことだらけで、不安だしやめたいとよく思っていました。でも仲間と一緒に努力していくうちに、だんだんとできることが増えて上達していき、結果が出ると楽しくなって。それを繰り返して小学生から大学生まで野球を続けたんです。最終的には地区大会優勝という目標も果たせて、達成感を感じました。今までやってきてよかったなって思いました。

自分が説明会で不安や怖さを感じた理由を冷静に考えてみたら、不透明なことが多いからだと気がつきました。まだ働いていないからわからないことも多いのは当然ですよね。両親に相談して過去の自分を振り返ってみたら、この不安は乗り越えられそうだなと思えるようになったんです。仕事も野球も一緒だなって。

──不安を乗り越えるためにほかにしたことはありますか?

不動産業界の営業職が自分に合っているという確信を持ちたかったので、OB・OG訪問や職場見学は積極的にしました。実際に働いている人の話を聞くことで、自分が働いているイメージができるようになり、不安感も薄れました。

〈 解 説 〉 社会人経験のない学生にとって、働くことに対して不安になるのは当たり前です。そうしたときは、過去に類似した経験がないか振り返ってみましょう。過去に不安を克服した経験があるならば、不安の対象が仕事に置き換わっただけなので、きっと乗り越えられるはずです。

仕事のリアルは、
人に会わないとわからない！
想像よりも泥臭く、
イメージしたものと違った

ゆめはなさん（仮名）

DATA　都内私立大学社会学部
志望業界　ブライダル業界

——志望業界を選んだのはなぜですか？

　姉の結婚式に参加した際に、ブライダルプランナーの仕事に出会いました。人の幸せに立ち会える仕事ってすてきだと思ったんです。そこからブライダル企業の説明会に数多く参加しました。説明会は結婚式場で行われることも多く、すてきな式場や映像を見せてもらって、どんどん志望度が高まりました。ブライダル業界は人気なので、企業研究のために大学のキャリアセンターやサークルの先輩に紹介してもらって、6社の方にOB・OG訪問しました。

——OB・OG 訪問で何か気づきはありましたか？

　キラキラした部分だけではないなと感じました。最初の1、2社の方には志望動機の参考にするために「やりがい」や「感動した瞬間」を聞いていたんですが、誰に聞いても答えが同じでした。企業の違いが見えないと気づいたので、質問の仕方を変えました。

　「仕事の過程」や「どのように評価されるのか」の質問に変えると、企業ごとの特色が見えて、比較しやすくなりました。意外と泥臭い

部分もあると就職前にわかってよかったです。知らずに入社していたら、憧れとのギャップに苦しんだと思います。

──イメージと違ったために志望業界を変えましたか?

ブライダル業界から志望は変えませんでした。どんな仕事にも泥臭い部分はあると思うし、それでも幸せの瞬間に立ち会いたいと強く思ったので。でも、業界の中で自分に合う企業を見極めるようにしました。OB・OG訪問で聞いた「仕事の過程」と「評価方法」が企業ごとにまったく違ったんですよ。分業制の企業もあれば、一貫担当制で営業から結婚式当日まですべて担当する企業もありました。

──どんな軸を持って企業を選んだんですか?

私は、顧客と信頼関係を構築しながら結婚式当日を迎えるお手伝いをしたいと考えているので、一貫担当制の企業がいいと考えました。一貫担当制の企業で働く先輩の話を聞くと、業務範囲が多岐にわたるために仕事量も多く、大変そうだなとは思いましたが、その分、多様な知識やスキルを身につけることもできますよね。

また、分業制だと結婚式当日に立ち会えないと聞いて、やりがいを感じにくいかもしれないと思いました。ブライダル業界全体だけでなく、企業ごともしっかり比較して選べたので、志望動機も説得力が増した気がします。

〈 解説 〉 仕事のやりがいなど、結果だけを質問していてもいいところしか出てこないことは多くあります。結果のためにどのように努力したのかプロセスまで聞いてみると、仕事のリアルな部分まで教えてもらえますよ。いいところだけに目を向けるのではなく、大変な部分も理解したうえで仕事選びをしましょう。

家庭の事情で地元の近くがいい。同じような状況の先輩に相談することで、心配が減った

 暮安勉さん（仮名）

| DATA | 都内私立大学商学部
| 志望業界 | 金融業界

——どのような軸で企業選びをしましたか？

東京の大学に通っていましたが、家庭の事情で卒業後は地元に帰ることが決まっていました。商学部でビジネスやマーケティングを学んだので、地域の人の困りごとを資金面で解決したいと考えて銀行を中心に受けました。地元の地方銀行・信用金庫が応募先です。大学で地元を離れていましたが、地元は好きだし、地元に貢献できる仕事ができればうれしいなと思っていました。Uターン就職希望者の合同説明会とかに参加して、情報収集をしました。

——地元に戻ることに、不安はありましたか？

もちろんありましたよ。商学部だから周りの友人も金融業界志望者が多いのですが、みんなの志望先はメガバンクなどの大手で、自分は地方銀行。友人たちの「グローバルに活躍したい」「大規模プロジェクトに携わりたい」といった話についていけず、不安になりました。「自分は仕事で成功できないのでは？」「地元に帰ったらもう都会には出られないのかも？」と、この選択でいいのか迷いました。

―― でも地元で働かなくてはならないんですよね?
　　どうすることにしたんですか?

　大学時代の先輩に、地元に就職してから最近東京の企業に転職した人がいることを思い出して、話を聞くことにしました。先輩は地方の銀行から都内のコンサルティング会社に転職を成功させていて「自分の価値はどこで働くかでは決まらない。どんなスキルを身につけるかが重要」と教えてくださいました。話を聞いて、まずは地元の企業で頑張ろうと勇気づけられました。あと、自分の市場価値が上がれば、都会のフルリモート勤務が可能な企業に転職する選択肢もあると知り、地元に戻らないといけないからといって、引け目に感じることはないと思いました。

―― 先輩に話を聞いて入社後の意識は変わりましたか?

　ただ単に日々過ごすのではなく、どういうスキルを身につけたいのか意識して働くことが大事だと思ったので、入社後は積極的に自ら手を挙げてやりたいことに挑戦してみようと考えています。正直家庭の事情もあり、明確にいつ転職するかなどの予定は決まっていません。でも、選択肢を広げるためにも、自分の市場価値を高めておいたほうがいいと思うので、内定をいただいた地方銀行で多くの経験を積み、スキルを身につけたいと考えています。

〈 解説 〉 自分の市場価値はどこで働くかでは決まらないため、過度に心配する必要はありません。重要なのは「何ができるのか、どのような実績があるのか」です。また、現在ではリモートワークを導入している企業も増加しているため、自分の市場価値を高めて選択肢を広げる努力をしておくとよいでしょう。

自分なりに自己分析や他己分析を してみたが、企業選びが迷走。 エージェントに相談して、 ようやく自分の強みがわかった

ラビrinseさん（仮名）

| DATA | 地方私立大学法学部
| 志望業界 | 人材業界

――就活ではどのように仕事選びをしたのですか？

　私は将来の目標が決まっていなかったので、まずは就活本に書いてあるとおり自己分析と他己分析をしました。他己分析は付き合いの長い部活の友達にお願いしました。友達からは、コミュニケーション能力が高いと言われました。たしかに誰とでもすぐ仲良くできるし、相談されることも多いので、　そうかなと思いました。そこで、長所を活かせそうな営業職を受けることにしました。

――選考はどうでしたか？

　営業職っていってもいろいろあるじゃないですか。何が合うのか絞り込めないまま、興味のある業界をいくつか選んで受けましたが面接が全然通らなくて。何社か落ちて「強みが仕事でどう使えるかアピールしないと意味がない」と気がつきました。仲間内で話しても「長所が仕事でどう活かせるか」までわからないんです。そこで、社会人の意見を聞きたいと思って、エージェントに登録しました。登録には勇気が必要でしたが、担当の方にすごく親身になってもらって、自分では思いつかない視点での意見をもらえましたね。

——社会人経験のある人に客観的な意見をもらうために
　エージェントを利用したんですね。何をしたんですか?

　キャリアアドバイザーと再度自己分析をして、自分の強みをどのようにアピールしたらいいか一緒に考えてもらいました。そこで自分で考えていた「コミュニケーション能力」を「人を前向きにするのが得意」と、仕事に結びつけやすいように言い換えたらどうかと提案してもらったんです。コミュニケーション能力というと、自分でもピンと来ていない部分があったのですが、言い換えることで、自分がどの仕事が向いていて、どう強みを活かして活躍したいのか考えやすくなりました。

——エージェントを利用して、
　選考の進み具合は変わりましたか?

　再度自分の強みを活かせる業界を考え直して、人材業界に絞って就活を再スタートしました。人材業界は誰かの人生を一歩前に進めるお手伝いができる仕事なので、自分に合っているなと思っています。自分と仕事との接点を見つけられていたので、面接でも自信を持って受け答えできました。選考も通過しやすくなったので、客観的な意見をくれる人に相談するのって大事だなと思いました。

〈 解説 〉 強みをいくら考えていても、仕事との接点までアピールできないと説得力に欠けてしまいます。仕事との接点を導き出すためには、社会人と話をしてみましょう。特にエージェントは、さまざまな経歴の人がキャリアアドバイザーとして在籍し、多角的な視点でアドバイスをしてくれるのでおすすめです。最近では新卒で使う人も増えています。

「企業が欲しがる人材」とは

リクルーティングアドバイザーとは、人材紹介会社の法人営業の担当者を指します。企業の採用活動をサポートし、企業からの「こんな学生が欲しい」というニーズをもとに、最適な人材を採用できるよう企業支援やマッチングを行います。まさに採用側の要望に詳しいリクルーティングアドバイザーに、最高の会社探しについて聞いてみました。

▶ いくらアピールしても、企業に響かない

企業に自分をアピールするとき、多くの就活生は自分の経験を話そうとします。しかし、その経験（事実）を今後の仕事にどのようにつなげるのか、企業との接続がうまくできていないケースが多く見られ、非常にもったいない印象です。

学生

野球を6年間続けてきました！毎日筋トレとランニングを続け、強豪校でレギュラーのポジションを勝ち取りました。

このエピソードから何を伝えたいのだろう？
会社でどのように活かせるのかわからないな。

採用担当者

▶ 実績を強調する就活生と、本質を知りたい企業とのギャップ

応募者の本質的な部分を企業側は確認したいと考えています。

しかし就活生は、学生生活で何をしてきたか、特に部長やリーダーを務めたこと（肩書き）や大会での成績（実績）などの、表面的なアクションをアピールする傾向があり、ギャップが生じています。

企業が採用基準で重視する項目（新卒採用実施または実施予定企業／複数回答）
学生が面接等でアピールする項目（学生全体／複数回答）

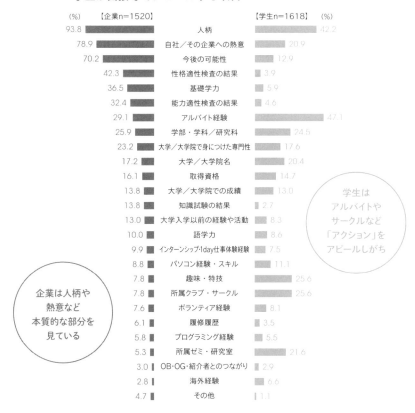

	【企業n=1520】(%)	項目	【学生n=1618】(%)
	93.8	人柄	42.2
	78.9	自社／その企業への熱意	20.9
	70.2	今後の可能性	12.9
	42.3	性格適性検査の結果	3.9
	36.5	基礎学力	5.9
	32.4	能力適性検査の結果	4.6
	29.1	アルバイト経験	47.1
	25.9	学部・学科・研究科	24.5
	23.2	大学／大学院で身につけた専門性	17.6
	17.2	大学／大学院名	20.4
	16.1	取得資格	14.7
	13.8	大学／大学院での成績	13.0
	13.8	知識試験の結果	2.7
	13.0	大学入学以前の経験や活動	8.3
	10.0	語学力	8.6
	9.9	インターンシップ・1day仕事体験経験	7.5
	8.8	パソコン経験・スキル	11.1
	7.8	趣味・特技	25.6
	7.8	所属クラブ・サークル	25.6
	7.6	ボランティア経験	8.1
	6.1	履修履歴	3.5
	5.8	プログラミング経験	5.5
	5.3	所属ゼミ・研究室	21.6
	3.0	OB・OG・紹介者とのつながり	2.9
	2.8	海外経験	6.6
	4.7	その他	1.1

学生は
アルバイトや
サークルなど
「アクション」を
アピールしがち

企業は人柄や
熱意など
本質的な部分を
見ている

出典：リクルート就職みらい研究所『就職白書2023』

　新卒採用では、後天的に獲得できる要素は評価対象になりにくい傾向があります。後から補えるものであれば、入社時に不足していても研修や仕事を通して身につけていけば問題ないからです。

　近年少しずつ変わってきたとはいえ、日本の新卒採用は、潜在的な能力に期待するポテンシャル採用です。そこで重要視されるのは、今持っている技術や実績ではなく、**これから育てていくのに十分な適性があるか。つまり、応募者の物事に対する姿勢や思考、価値観など「教えられない才能」を評価しています。**

　多くの就活生は、専門知識や技術など、テクニカルスキル・リテラシーを武器に勝負しがちですが、それがそのまま仕事に通用するレベルの人はあまりいませんし、実際はそこまで重要視されていません。自分をよく見せようとするあまり、話を盛ってしまったり、捏造（ねつぞう）してしまったりする人もいますが、これでは採用担当者から深掘りして質問された際に具体的に回答できなくなってしまいます。また、いつわりの自分で選考を受けてうまくすり抜けたとしても、就職後に困ってしまうでしょう。

　企業側が知りたいのは、まずはその応募者の行動の起源となる「考え方」や「価値観」です。これは簡単に変えられない部分ではありますが、企業とマッチしていれば、あなたを企業にアピールするうえでの武器になります。なぜならば、「考え方」や「価値観」は仕事においても再現性があるからです。たとえば、ある野球大会で優勝を経験した就活生について考えましょう。この実績は仕事にはまった

く関連がありません。会社は野球チームではないからです。

しかし、毎日の練習に取り組む忍耐強さ、練習メニューの創意工夫、チーム内の交流を促し士気を高めるリーダーシップ、対戦相手を分析する戦略など、そのために行った取り組みやその思考パターンは、仕事でも役立つものばかりです。この中で、企業で重視されている性質を選んでアピールすれば、採用する側も「自社の仕事のこういった場面で活躍できそうだ」という具体的なイメージが浮びます。こうした「学ぶ力」「素直さ」「実行力」「組織における立ち回り」などはポータブルスキルといわれ、社会人の基礎力として非常に重要です。**就活の場では、実績や経験を再現性のある能力としてプレゼンすることが求められているのです。**

継続力・忍耐力 → ← 自社製品が多く、営業は豊富な知識が必要

アピール

継続力と忍耐力が強みです。野球部では6年間毎日朝の筋トレとランニングを続け、瞬発力と体力を鍛えました。御社に入社後はこの継続力と忍耐力を活かし、日々の勉強を欠かさず続けて、1年後には誰よりも自社製品に詳しい営業として貢献いたします。

エピソードだけを伝えても、意味がない。エピソードはアピールの材料。企業と接続させてはじめてアピールになる。

▶ 企業に「うちに来て欲しい」と言わせるには

　企業が志望動機や自己PRを聞くのは、企業の経済活動に役立つ人材かを確認するためです。その前提を忘れてはいけません。

　企業は「利益を生み出す力」があり「一緒に働きたい」人材を求めています。その質問に対し、友人に話すように答えていてもアピールにはなりません。企業には自分がいかに利益を生み出す人材かを伝える必要があります。

　志望動機に「御社で勉強したい」「自身が成長したい」「社会貢献したい」という内容を書く就活生がいます。しかし、企業は利益を追求する組織であり、学校でもボランティア団体でもありません。こういった人は自分の視点から抜け出せていないと言えるでしょう。自分の考えを変える必要はありませんが、「企業に何を伝えるべきか」について、理解しておきましょう。

企業が求めている力

アクション 前に踏み出す力	・主体性／物事に進んで取り組む ・働きかける力／他人を巻き込む ・実行力／目標を設定し確実に行動する
シンキング 考え抜く力	・課題発見力／現状分析から目的や課題を明らかにする ・計画力／課題解決に向けたプロセスをつくれる ・創造力／新しい価値を生み出す
チームワーク チームで働く力	・発信力／意見をわかるように伝える ・傾聴力／相手の意見を聞く ・柔軟性／意見や立場の違いを理解できる ・状況把握力／周囲の人々や物事と自分の関係を理解する ・規律性／ルールや約束を守る ・ストレスコントロール力／ストレスに対応する

▶ 相手の求めている能力を選んで売り込む

　大前提として、20代前半で、周囲と明らかに差別化できるような実績を持つ人はほとんどいません。事実ベースのみで語ってしまうと、ほかの応募者との比較・差別化が困難になりやすく、周りの就活生と同じような自己PR（量産型就活生）やありきたりな自己PR（テンプレ就活生）になってしまいます。

　就活の場では企業が求める基準に合った能力を伝えないと意味がありません。過去（経験）と未来（就職後）をつなげて考え、採用担当者があなたの活躍する姿をイメージしやすいように伝えましょう。

　また、新卒市場が売り手市場になり、転職も一般的になってきたことから、**企業側はつねに内定辞退や早期離職のリスクを持ちながら採用活動をしています**。そのため、積極的に「その企業への興味や、入社への熱意を示す」ことは、就職活動を有利にし、ライバルと差別化する手段になると言えるでしょう。口頭で伝えるだけでなく、行動や形として見えるもので示すのもポイントです。

企業の分析

①誰が対象（顧客）か
②何を提供しているか
③どんな能力が必要か

自分の能力のなかで、
その企業で役立つ力は？
それを効果的に
アピールするエピソードは？

Column

会社を見つけるのに使えるツール

　自分の基準に合った会社を選ぶためには、多くの会社と出会う必要があります。一般的な会社説明会やインターンシップ、就活サイト以外でも、会社探しに使える方法をまとめました。

● 優良企業の情報を見つける方法

業界地図で探す 各業界の上位企業と位置づけが、ひとめでわかる	**就職四季報で探す** 中小企業の情報や離職率などの情報も掲載されている
ヤフーファイナンスで探す 上場企業中心だが、株価、事業内容、平均年齢や平均年収も調べられる	**大企業の会社概要ページで探す** 子会社や取引先情報から、優良中小企業に出会える可能性もある
厚生労働省の認定企業を探す くるみん（子育て）、えるぼし（女性活躍）、ユースエール（若手育成）、トモニン（介護）などの認定がある	**受賞歴で探す** グローバルニッチトップ企業100選、ホワイト企業大賞など、競争力がある企業や、健全経営企業が見つかる
SNSで探す 経営者のSNSや公式SNSで経営方針やリアルな内情がわかる	**就活マッチングアプリ** 志望業界研究やOB・OG訪問に使える。ただし対面での接触は危険もあるので注意する
親や知人に相談 会社、業界の内情や地域の事情にも詳しい。紹介してもらえることもある	**新卒応援ハローワーク** 自治体が若年層の就活を支援。面接指導など。既卒者も使える

Part **3**

就職後、
自分の価値観が
変わったら

どんなに調べても 飛び込んでみないと わからない

就活中にどんなに調べても飛び込んでみないと
わからないものです。
「入社してみたら思っていたのと違った」
「希望する部署に配属されなかった」など、
入社前に思い描いていたこととのギャップが、
許容できないこともあります。
新卒で入社し、その企業でしか働いたことがないと
「転職できないのでは」「人生が大きく変わってしまうのでは」
と不安に感じてしまう人もいるでしょう。
「転職したい」と思っていても、不安感や恐怖心から
実際に行動に移せない人も多くいます。
たしかに転職して仕事が変われば、生活も大きく変わります。
あまりに転職回数が多いと、今後のキャリアに影響する
おそれもありますが、退職理由をポジティブに説明し、
自分のスキルをしっかりとアピールできれば、
転職すること自体はマイナスになりません。

人の価値観は、ライフステージでどんどん変わっていく

人の価値観は、ライフステージでどんどん変わっていきます。

人生100年時代と言われている現在、

想像しているよりあなたが働く期間は長いかもしれません。

入社後、独身のうちは仕事中心の生活が

できるかもしれませんが、

結婚、出産、介護、家の取得などライフステージが変われば、

自分の価値観は大きく変わるでしょう。

価値観が変われば、今導き出した会社選びの評価基準が

変わってしまうこともあるかもしれません。

長い人生の中で、価値観が変わることは当たり前です。

そのときそのときで、自分ができることとやりたいことを

照らし合わせて、そのタイミングで一番適した仕事を

選んでいけばよいのです。

この本を読み直して今の自分の「基準」を考える

▶感情に流されず冷静に考えを整理する

転職がめずらしくなくなっているとは言え、安易に辞めることはおすすめできません。満足のいく会社へ移るために、今から解説する5つのステップを踏みましょう。

成功する転職のための5つのステップ

①この本を読み直して今の自分の「基準」を考える

②今の会社で、その希望が実現できるか検討する

③自分の新しい基準に合う企業を見つける

④エージェントに登録し、不満の改善ポイントを探る

⑤仕事選びの基準の変更に納得感があるか確認する

まずは、**今の自分が求めているものを冷静に見つめ直す**必要があります。単に、今の上司と合わなかったり、他業界で活躍する友人をうらやんでしまったりしているだけのこともあるでしょう。新卒の就活時に考えた評価基準に頼らずに、社会人期間を含めて一から自分が仕事に求める「基準」について考えてみてください。学生のときには気がつかなかった自分の価値観や特性が見えてくるかもしれません。

今の企業に許容できない部分があるとき、すぐに転職活動を開始したりせずに、もう一度この本を開いて、自分の求めているものを再確認してください。入社前に感じていた魅力はどう変わったのか、自分が今求めているものが何なのか、考えるヒントになるはずです。

中途採用ではポテンシャルではなく、即戦力が求められるため、何ができるのか、何がしたいのかを明確にする必要があります。アピールの面でも転職先探しの面でも、具体的に自分の考えや経験、スキルを伝えられるように準備しておく必要があるのです。

「上司が嫌で辞めたい」だけでは、次の企業でも同じことが起こるおそれがあります。なぜ上司が嫌なのか、それは「ノルマが厳しくてきつい言葉を言われるから嫌」なのか「飲み会に頻繁に誘われるから嫌」なのかといった嫌な理由を明確にすることで、次の仕事選びが変わってくるでしょう。

自分の「基準」を考える

上司が嫌！！！

ノルマが厳しくて上司の態度が高圧的

次の会社は…
・ノルマがない企業がいい
・ノルマがあってもチーム制がいい

飲み会にたくさん誘われて断れない

次の会社は…
・勤務時間外は自由な企業がいい
・社員同士が適度な距離感の企業がいい

今の会社で、その希望が実現できるか検討する

▶ 現状を変える努力をしてみる

次に、**自分が企業に求める新しい「基準」が、今の会社で本当に達成できないのか確認してみましょう。**

自分が求めているものと企業にギャップを感じた際に、「この会社では無理だろう……」とすぐにあきらめて違う企業を探すのは大変もったいないことです。何が許容できないのか、何が変われば解決するのかを洗い出し、辞める前にまず上司に相談してみましょう。

許容できないことが、自分の努力や企業への投げかけで変えられることであれば、今いる企業で努力してみてもよいでしょう。

許容できないこと（転職を考える理由）
能動的に仕事がしたい。今の会社だと与えられた仕事ばかり。もっと主体的に意見を言って仕事がしたい。

会社	**変えられる**	自分	**変えられる**
	・現在一般職… 　配置転換で総合職に ・スキル不足でまかせられない… 　スキルが向上するように教える		・積極的に意見を言ってみる ・意見を言う人を変えてみる ・スキルが向上して仕事をまかせて 　もらえるように資格の勉強をする
	変えられない		変えられない

努力しても変えられない場合は、転職を考えてみるのもアリ ▶ 新しい会社

▶環境を変える取り組みは転職でもプラスになる

　改善しようと主体的に働きかけた経験は、うまくいかなかったとしても必ずあなたの今後の人生の糧になります。逆に、何もアクションを起こさずに中途半端に投げ出してしまうと、次の会社でも同じようなことで悩んでしまう可能性もあります。

　また、**今の環境を変える取り組みをした経験は、転職の際に有利に働きます。**採用担当者は「次もすぐに辞めてしまわないか」を見極めるために、「どうして転職しようと思ったのですか?」「なぜ現職を辞めようと考えたのですか?」といった転職理由（退職理由）を質問します。単に**「会社が悪いから転職する」という他責思考ではなく、「改善しようと働きかけても変わらなかったから転職する」という回答のほうが主体的で前向きな印象になる**でしょう。

▶辞めると決めたら仕事の引き継ぎはしっかり

　もちろん、変える努力をしても、変えられないことも多くあります。企業の制度や風土は、1人の働きかけではそうそう簡単に変わりませんし、自分の性格や状況も、なかなか変えられるものではないでしょう。**変えられないものには見切りをつけて、新しい選択肢を考えるのも1つの手段です。自分の評価軸に合わせて転職することは悪いことではありません。**退職を決意した際は、精神的・体力的に問題ないのであれば、しっかり辞める前に準備しましょう。たとえばプロジェクトは最後まで責任を持って務める、引き継ぎが完了してから退職するなどです。辞めた後に巡り巡ってどこかでお世話になる可能性も考えられるため、自分のためにも企業側に迷惑がかからないように配慮しましょう。

181

[自分の新しい基準に合う 企業を見つける]

▶ 新しい「基準」をキーワードにして企業を探す

　自分の新しい会社選びの「基準」が、今の企業では努力しても実現できないと判明した場合は、どんな企業なら自分の基準と合致しているのかを考え、企業を探していきます。

　探し方はさまざまな方法がありますが、まずは**ステップ１で導き出した会社選びの新しい「基準」をキーワードにして、転職サイトで求人検索してみましょう**。また気になる企業がある場合は、企業のホームページや口コミサイトを参考に、自分が大切にしている要素が叶えられるか確認してみてください。実際の雰囲気や環境は見てみないとわからない部分もあるため、オフィス見学や店舗訪問をしてみるのもよいでしょう。

　しかし、求人検索から企業選定までをすべて自分でやるのはとても時間がかかります。退職すると収入は途絶えてしまうため、早く転職先を決めないと経済的に困ってしまう人もいるでしょう。そのような状況では精神的にも追い込まれてしまい、冷静な判断ができないこともあります。

　そのため、**多くの人は現職と両立しながら転職活動を行い、なるべく短期間で次の企業を決めます**。つまり、転職活動をしている期間はかなり忙しく、学生の頃のようにゆっくりと仕事を選んだり、面接対策をしたりできないのです。

転職は多忙の中で活動を進めることになるため、エージェントの助けは大いに役立ちます。エージェントに登録すると、キャリアアドバイザーと呼ばれる担当者が1人ひとりに付き、転職に関するさまざまな相談に乗ってくれます。

エージェント利用のメリット

- ・業界や企業の内部情報が手に入る
- ・自分に合った求人を紹介してくれる
- ・非公開求人を紹介してもらえる
- ・履歴書やエントリーシートの添削をしてくれる
- ・面接対策をしてくれる
- ・給与や条件面の交渉をしてくれる
- ・退職についてもアドバイスがもらえる

エージェント利用で、転職活動に他者（しかもプロ）の目線が加わります。中途採用でキャリアアドバイザーになる人も多いため、エージェントにはさまざまな経歴を持つ人が多く在籍しています。より多角的な視点で仕事の紹介やアドバイスをくれるため、自分にとって最適な判断をしやすくなるでしょう。また**求職者側からはしづらい給与交渉や条件交渉もエージェント側がしてくれます**。自分だけで転職活動をした場合、企業側から言われるがままの雇用条件になりがちです。エージェントをはさむことで、希望を提示して考慮してもらったり、給与を高くできたりする可能性もあります。

エージェントに登録し、不満の改善ポイントを探る

▶ エージェントには優先したい基準を明確に伝える

エージェントを利用する際には、今の自分が希望している会社選びの「基準」とその優先順位を正確に伝えます。

そのためには、ステップ1で自分が求めるものを明確にし、言語化することが重要なのです。

キャリアアドバイザーはあなたの経歴や希望をもとに求人を検索し、あなたに合った企業を紹介します。そのため、「基準」があいまいでどうしたいのかが不明瞭だと、あなたに適した企業を見つけられません。自分に合った求人を紹介してもらうためにも、キャリアアドバイザーには希望を明確に伝えましょう。

エージェントの多くは、あなたの転職が成功し、その転職先の企業に定着することで報酬を得られます（多くは転職者の年収の数割とされる）。そのため、あなたが自分に合った企業に転職し、満足して働くことや、高い報酬を得ることは、エージェントにとってもメリットがあるのです。

「経験がないとエージェントを使えないのでは？」と考える人もいますが、心配はいりません。入社後すぐに転職を決意した場合でも、臆せずにエージェントを利用しましょう。

きっとあなたのパートナーとなり、二人三脚で最高の会社選びの手伝いをしてくれるはずです。

▶ 退職前に自分の実績をまとめておこう

　転職面接では、企業はあなたを「即戦力」として見ているため、**これまでどんな経験をし、仕事にどう取り組んできたのかに注目しています**。しっかり伝えられるように、自分の経歴や実績を整理しておきましょう。

　退職後は今の企業内のデータが見られなくなり、正確な実績をまとめにくくなるケースもあります。転職活動をしようと考えている人は、事前に自分の職務経歴と実績をまとめておきましょう。

　また、**転職希望者が、「すぐあきらめてしまう人」なのか「たまたま入社した企業が合わずに転職活動をしている」のかを見極めるために、転職を決めた理由も頻出の質問です**。どのように伝えるか迷う人もいるかもしれませんが、正直に今の仕事の不満点を相手に伝えて、そのポイントがその企業でなら解決できるのかを、確認しましょう。新しい企業で不満点が改善することが明確であれば、企業側も安心してあなたを迎え入れられるでしょう。

転職面接の流れ

1 キャリアチェック	2 転職理由
● 前職についた理由 ● 前職でのキャリア	● 前職をやめようと思ったきっかけ ● 転職を決意した理由

3 志望理由	4 応募者からの質問
● 志望する企業を選んだ理由 ● 今後やりたいこと（キャリアプラン）	● 仕事に直結した質問 ● 条件や待遇の質問

［会社選びの基準の変更に 納得感があるか確認する］

▶ 自分が納得できているのか再確認する

　最後に、企業に求める新しい「基準」に自分が納得できているのか、冷静に確認しましょう。考えを整理して、納得感を持って転職しなくては、新しい会社でも「思っていたのと違った」と落胆し、同じ過ちを繰り返すおそれがあります。

　転職するにあたって、家族や友人、職場の人、エージェント……多くの人に相談し、意見をもらった人もいるでしょう。会社探しは、人生で何度も経験するものではないため、不安になることもあるはずです。しかし「親に言われるがまま」「エージェントのイチオシ」「人気ランキング上位」など、自分以外の人の意見に流されて決めた転職では、万が一、期待を裏切られたときに他人のせいにしてしまいかねません。そもそも面接の際に、面接官へ「なぜこの人は当社を志望しているのだろうか」という疑問を与えてしまいます。

　自分で納得できていないと、回答に矛盾が生じたり、うまく答えられなかったりして説得力に欠ける印象になってしまいます。会社選びの「基準」の変更に納得感がある。つまり、**今の自分が仕事としてやりたいことや、どう働いていきたいのかについて、明確に言語化できていれば、選考の際に転職理由（退職理由）を細かく聞かれても自信を持って答えられる**はずです。

▶転職はタイミング。焦る必要はない

　自分の人生の舵取りをするのは自分自身です。どの道を選んだとしても、その選択の責任は自分にあります。新卒で入社した企業に許容できない何かがあったように、どんなに慎重に決めていても、事前の想定と違うこともありえます。それでも、他人に惑わされず自分で納得して決断していれば、前に進んでいけるはずです。

　転職について「踏み切れない」「不安が残る」という人は、その感情がどこから来ているものなのか、客観的に深掘りしてみてください。ある程度スケジュールが決まっている新卒採用と違い、転職はいつでもできます。採用をかける企業側も、いつ欠員が出るか、どんな人材が必要になるかは、想像できないものです。

　今、決断ができなかったり、満足できる転職先が見つからなかったりするのなら、様子を見ることも決して悪い選択肢ではありません。職務経歴書と新しい企業に求める「基準」を確かめながら、チャンスをうかがうこともできるでしょう。

▶時代に合わせて環境を変える柔軟性が大事

　以前は60歳だった定年が65歳まで延び、70歳まで働く人も増えてきました。就職してから働く期間が40年を超えることもあるでしょう。時代も、考え方も変わっていく中で、働く環境を変えてステップアップしていくことは、ある意味自然なことと言えます。時代の変化に合わせて、企業もつねに新しい知見を持った人材を求めています。「どの会社で働くか」ではなく、「時代に合わせて環境を変えられる柔軟性」と「求められる人材であり続けるための自己投資」が、これからの時代には求められているのかもしれません。

おわりに

他の学生と比較され、相対評価で合う、合わないが
判断されてしまうのが、就活の実態です。
そのため、どうしても自分を他者と比べてしまい、
落ち込む就活生は少なくありません。

しかし、就活において、
他者と比べ始めたらきりがありません。
疲れてしまうだけです。
だから、ぜひ「自分は自分」と割り切って、
絶対評価として自分と向き合う強さを持ってほしいのです。

誰にだって必ずいいところがあります。
自分のいいところを見つけて、
その部分に目を向けてください。
そうして見つけた自分のいいところが、
会社選びのヒントにもなるのです。

他者ではなく自分を見つめること。

それが、自分の仕事への価値観を知る

きっかけになるでしょう。

長所を生かして働くことができ、

自分自身が成長でき、見合った報酬を受け取れる仕事。

それは、あなたにとって何でしょうか?

どの会社に入ればそれが叶うのでしょうか?

就活は、自分自身を知る貴重な機会です。

自分と向き合うことを恐れず、

あきらめず、前に進んでください。

ほんの少しの行動で、就活の後悔は回避できるはずです。

最後にもう一度言います。

あなたの就活には、

大きな価値があるのです。

最高の会社の見つけ方について もっと知りたい人におすすめの本

世界一やさしい 「やりたいこと」の見つけ方

人生のモヤモヤから解放される
自己理解メソッド

八木仁平著　KADOKAWA刊

自己理解をキーワードに、自分探しのループから最速で抜け出すためのメソッドを紹介。自分の「本当にやりたいこと」が何かわからない人におすすめ。

さあ、才能に目覚めよう 最新版

ストレングス・ファインダー 2.0

ジム・クリフトン、ギャラップ著、
古屋博子訳　日本経済新聞出版刊

仕事を成功に導く「強み」がわかる本。付録のwebテストを使えば、自分の優れている5つの資質がわかる。自己分析に行き詰まった人に。

4021の研究データが導き出す 科学的な適職

鈴木祐著
クロスメディア・パブリッシング刊

10万本の科学論文を読破した著者が「キャリア選択」について科学的な根拠をもとに解説。仕事選びに迷っている人にはぜひ読んでほしい良書。

採用基準

地頭より論理的思考力より
大切なもの

伊賀泰代著　ダイヤモンド社刊

自己分析が終わったあとに見る本。就活の成功は「企業からの内定」。つまり、企業からいかに選ばれるかどうかが大事になる。その「企業」を理解できる本。

「いい会社」はどこにある？

自分だけの「最高の職場」が
見つかる9つの視点

渡邉正裕著　ダイヤモンド社刊

20年以上1000人の現場社員にインタビューを行った著者による、よい職場選びの指南書。800ページ以上という膨大な情報量。巻頭の図表集も参考になる。

苦しかったときの話をしようか

ビジネスマンの父が我が子のために
書きためた「働くことの本質」

森岡 毅著　ダイヤモンド社刊

自己分析と企業選びのつなぎ方を学べる本。USJを復活に導いた著者が教える「自分」をマーケティングする方法。父が子に語りかける形式で書かれているので非常に読みやすい。

著者

吉川智也　よしかわ ともや

1988年北海道生まれ。大学卒業後、2010年に株式会社マイナビに入社。入社後は新卒採用を支援する営業を3年間務め、300社以上の採用支援をしてきた。営業を経験したのちに各学校の就活講座の講師を務め、年間3,000人以上に就活に関する講演を行う。株式会社マイナビでの経験をもとに、2015年に「キャリアパーク！」を運営するポート株式会社へ転職。現在は新卒紹介サービスの事業責任者を務め、業界No.1のサービスを目指している。

就活対策サイト「キャリアパーク！」が教える

最高の会社の見つけ方

著　者	吉川智也
発行者	髙橋秀雄
編集者	梅野浩太
発行所	**株式会社 高橋書店**
	〒170-6014 東京都豊島区東池袋3-1-1 サンシャイン60 14階
	電話　03-5957-7103

ISBN978-4-471-43160-0　ⒸYOSHIKAWA Tomoya　Printed in Japan

本書の内容についてのご質問は「書名、質問事項（ページ　内容）、お客様のご連絡先」を明記のうえ、郵送、FAX、ホームページお問い合わせフォームから小社へお送りください。
回答にはお時間をいただく場合がございます。また、電話によるお問い合わせ、本書の内容を超えたご質問にはお答えできませんので、ご了承ください。本書に関する正誤等の情報は、小社ホームページもご参照ください。

【内容についての問い合わせ先】

　書　面　〒170-6014 東京都豊島区東池袋3-1-1 サンシャイン60 14階　高橋書店編集部
　ＦＡＸ　03-5957-7079
　メール　小社ホームページお問い合わせフォームから　（https://www.takahashishoten.co.jp/）

【不良品についての問い合わせ先】

　ページの順序間違い・抜けなど物理的欠陥がございましたら、電話03-5957-7076へお問い合わせください。
　ただし、古書店等で購入・入手された商品の交換には一切応じられません。

聴ける！読める！書ける！話せる！

中国語
初歩の初歩

3ステップ **基本の単語** ▶ カタコトフレー　フレーズ

高橋書店

はじめに

「中国語は、どのくらい勉強すれば話せるようになるのでしょうか？」

これは私がよく聞かれ、そしてどう答えるかに悩む質問です。一言で"話せるようになる"といっても、どのくらいのレベルを「話せる」と考えればよいのか、とても迷うところです。到達点をどこに置くかでも、また学習のしかたによっても個人差はあると思います。ただ、いちばん大切なのは「中国語を話してみたい」と思う気持ちなのではないでしょうか。

本書は、「まったく中国語を知らない人が、初めて手にする中国語の本」として、できるだけ平易で簡潔な内容にすることを心がけて作りました。文法説明は最小限にとどめ、そのかわりに文のバリエーションを多くしていきました。また、初級のテキストではありますが、入れ替え表現のための単語を多く取り上げたことで、表現の幅を広げられるようになっています。

掲載したフレーズも、旅行や出張など現地で使われる場面を想定して、買物・ホテル・乗り物などで実践的に使えるものを集めています。まずはカタコトでもかまいません。本書を持って中国に行き、とりあえず中国語を使ってみる…そんな使い方ができるようにとの気持ちを込めて執筆しました。

本書で中国語を少しでも身近に感じていただき、勇気を出してまず話してみる、そんなお手伝いができれば幸いです。

川原　祥史

本書の使い方

　本書には日常的な中国語会話をベースとする単語や簡単なフレーズが、練習しながら覚えていけるように収録されています。ダウンロードできる音声には、日本語に続いて通常より少しゆっくりめの中国語が録音されているので、繰り返し聴いて発音をしっかりと身につけてください。

＊カタカナの発音ルビはあくまで参考です。音声を聴いて正しい発音を身につけましょう。
＊音声ダウンロードの方法は、カバー折返し部分をご参照ください。

序章　中国語を学習する前に

中国の言葉、文化、人などに関するミニ知識をまとめています。

第1章　中国語の基本

中国語の発音、文法について、基本的なことを簡潔に解説しています。

第2章　基本の単語

「食事」「買い物」「観光」など、カテゴリー別に頻出単語を掲載しています。

タイトル
このページで紹介する単語のカテゴリーです。

音声トラック No.
聴きたいところから音声の頭出しができます。

単語
・音声を聴きながら書きとり練習ができるようになっています。まずはなぞって書いた後、空欄に自分で書いて、簡体字も覚えられるようにしましょう。
・音声には日本語に続き中国語が2回録音されています。続いて読んだり書きとり練習ができるよう、間隔をややあけて録音しています。

第3章　カタコトフレーズ

あいさつ、返事、お礼など、そのまま使える基本的なフレーズをまとめています。

タイトル
このページで紹介するフレーズのカテゴリーです。

フレーズ
・第2章と同様の使い方ができるようになっています。
・中国語のアンダーラインの下は語彙の直訳です。文の構造を理解する参考にしてください。

音声トラック No.

書きとり練習
音声には該当する中国語が録音されています。音声を聴いて簡体字で書いてみましょう。

第4章　基本フレーズ

日常的に使える簡単なフレーズをもとに、1つの課で基本的に1つずつ文法事項を取り上げています。

メインのフレーズ
この課の文法テーマを含んだ表現です。

文法解説
この課で学習する文法事項を簡単に解説しています。

フレーズ
文法テーマに即したよく使う短いフレーズです。

音声トラックNo.

おさらい
単語の順番を並べ替えて、正しい文を作る練習ができます。

ミニ会話
・音声を聴きながら会話のやりとりが練習できます。
・「あなた」に該当する中国語の前に間隔があるので、前の会話に続いて、該当する中国語を話してみましょう。

第5章　入れ替えフレーズ

旅先などでそのまま使える表現をまとめています。単語を入れ替えるだけで、表現の幅を広げられます。

メインのフレーズ
単語を入れ替えて作るフレーズの基本となるフレーズです。

文法解説
メインのフレーズの簡単な文法解説です。

返答例・バリエーション
メインのフレーズに対する返答例や、メインのフレーズの別の言い方などを取り上げています。

音声トラックNo.

入れ替え単語
メインのフレーズの一部にあてはめるだけで、表現の幅を広げられるようになります。

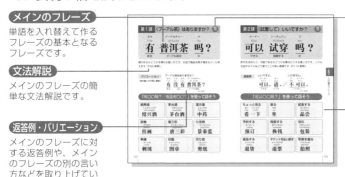

聴ける！読める！書ける！話せる！

中国語 初歩の初歩 音声DL版

目 次

第 2 章

基本の単語

第5章

入れ替えフレーズ

序 章

中国語を学習する前に

勉強を始める前に、中国の言語、文化、人について、知識を得ましょう。中国とはどんな国なのか、中国人とはどのような人たちなのかを概説します。

■■ 中国ってどんな国？

　中国は日本の約 26 倍の面積を有する、世界で 3 番目に広い国です。南北の距離は約 5,500km、北にはツルが棲息し、南にはゾウが棲むように、一つの国とは思えないほどの寒暖差があります。そして東西には約 4 時間もの時差があります。

　東の上海から西の新疆ウイグル自治区までは、バスや汽車を使って移動したとすると 1 週間を要します。中国という空間の中では、日本よりも、もっとゆったりとした時間の流れがあり、それに合わせた人との付き合い方や生活があるようです。

　中国といえば、アジア系民族の国と思ってしまいがちですが、必ずしもそうではありません。その広い国土の中に、日本の 10 倍強の人たちが暮らしており、56 もの民族が存在する多民族国家なのです。全体の 90% 以上を占める漢民族をはじめ、蒙古族、チベット族など、多くの少数民族が存在しています。固有の言語や生活習慣、信仰などを持っている民族もあります。ですから、私たちがふだん何気なく使っている「中国」「中国人」という概念は、実際には大変広い範囲のものだといえるでしょう。

■■ 中国語ってどんな言葉？

● 中国には多くの方言がある

　これだけの広い国ですから、それぞれの地域で「自分の故郷で通じる言葉を」という流れが生じてきます。結果として、それぞれの民族だけでなく、同じ民族であっても、地域によって違う言葉を使うようになるという状況が生まれました。その違いが方言ということになります。

　方言には大きくわけて、以下の 7 つがあります。
① **北方方言（北京語など）**
　分布地域が最も広く、使用人口も全体の 70% を占める。

② **呉方言（上海語など）**

使用人口は全体の約9％。北方方言に次いで使われている。

③ **閩方言（アモイ語など）**

福建省・広東省北部および海南省など。方言内部の違いが最も大きく、発音も複雑。使用人口は全体の約4％。華僑の使用人口も多い。

④ **粤方言（広東語など）**

広東省中部から香港・マカオなど。使用人口は全体の約4％。海外にいる華僑の多くも母語とする。

⑤ **客家方言（客家語など）**

戦乱を逃れるための大規模な移住によって、主に**閩・粤・贛**の境界地帯に分布。使用人口は全体の約4％。

⑥ **湘方言（湖南語など）**

湖南省の大部分の地区に分布。使用人口は全体の約5％。

⑦ **贛方言（南昌方言など）**

江西省の大部分の地区に分布。使用人口は全体の約3％。

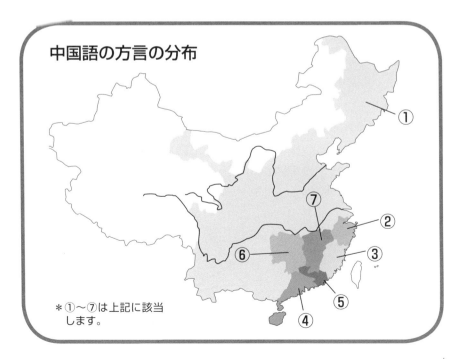

中国語の方言の分布

＊①～⑦は上記に該当します。

●「普通话」が共通語

前ページに出てきた方言には外国語ぐらいの差がある場合があります。中国人同士でも、違う方言の言語では、全く通じなくなってしまう場合もありました。

そこで、全国どこででも通じる言語として定められたのが「普通话（pǔtōnghuà）」という共通語です。この本で私たちが学ぶのも「普通话」ですが、これは次のような基準によって決められたものです。

＊北京方言を語彙の基本とする。
＊北京の人の発音を標準とする。
＊現代口語文の模範的な著作の文法を範とする。

「普通话」は、現在では全国各地で通用する共通語となっており、学校教育や報道などの公共の場では、すべてこの言葉が用いられています。

● 表記と発音

中国語では簡体字と呼ばれる簡略化された漢字を使用し、これが正式な文字として出版物全般に用いられています。現在の日本で使われている漢字とは異なる字形のものもあるので、簡体字という一つの文字として覚えていきましょう（P20 参照）。

発音は「ピンイン（pīnyīn）」というローマ字で表されます。ピンインは現在、中国国内での国語教育や辞書の索引などすべてに採用されています。人名や地名もピンインで読み方が表されます。この読み方と音の高低を表す四声が組み合わされて発音表記されることになります（P26 参照）。

● 言語の特徴

＊漢字の読み方で意味が変わってくる

　中国語は基本的に１文字＝１音節で、１文字ごとにまとまった意味を持っています。同じピンインでも四声が違うだけで意味が違ってきます。

　　例）同じピンインで四声が異なるもの

　　　烟（yān）＝タバコ　　　盐（yán）＝塩

　また、同じ漢字でも読み方が違うと意味が異なる場合もあります。

　　例）同じ漢字で読み方が異なるもの

　　　长（cháng）＝長い　　　长（zhǎng）＝成長する

＊文は主語、述語、目的語の順

　中国語の文は「主語＋述語＋目的語」の順で表すのが基本です。日本語のように助詞（て、に、を、は）がないため、この語順が重要になってきます（基本文型については P22 からを参照）。

　中国語の文法はよく英語の文法に似ていると言われますが、人称や単数・複数、時制による動詞の変化がなく、英語より覚えやすい部分もあります。

　　例）人称や単数・複数、時制による動詞の変化はなし

　　　我　去。　　　　　（私は行きます）
　　　私は　行く

　　　他　去。　　　　　（彼は行きます）
　　　彼は　行く

　　　她们　　去。　　　（彼女たちは行きます）
　　　彼女たちは　行く

　　　今天　我　去。　　（今日私は行きます）
　　　今日　私は　行く

　　　明天　我　去。　　（明日私は行きます）
　　　明日　私は　行く

　また、「行く、行こう、行って」のように動詞の語尾が変化することもありません。

■■ 中国人ってどんな人？

　一国の国民を、大ざっぱに「どんな人か？」と語るのは容易ではないのですが、いくつかの傾向はあります。前述したように、とても広い多民族国家なので、行動様式や生活習慣などに相当な差があります。その点も認識したうえで、押さえておきましょう。

● 個人的な結びつきを重視する

　中国人は、個人的なネットワークを非常に大切にします。日本では所属する団体が先で、個人個人がその次にくる傾向が強いですが、中国では個人が何よりも先に立ちます。ビジネスでも、「○○という会社」ではなく、「●●さんのところ」という表現がよく使われています。同郷の人たちの

集まり（日本の「県人会」のようなもの）もありますが、やはり個人と個人の結びつきに勝るものはないでしょう。

　交渉ごとなども、プライベートなつき合いを利用して輪を広げていくことが極めて多く見られます。企業での有能な人材としても、友だちの多い人が重用されることがあります。「所属する集団よりも人間関係の幅広さが大事」という感覚を充分に認識しておく必要があるでしょう。

● 何といっても、人脈がモノをいう

　「△△の世界では、この人」といった評判は、自然に広まっていくもの。そして、その世界の実力者を通してのコネが役立つことが多いです。

　その世界で名を知られている実力者には存在感や社会的信用があり、その人の紹介で事がうまく運ぶこともあります。また、仕事以外のつき合いの場で商談が進む場合も数多くあります。

　仲良くなりさえすればいいというのではありませんが、真面目さだけでなく、ゆとりを持ったつき合いを心得ておく必要もあるのです。

●"本音で語る人"が好かれる

　一方、中国で好かれるタイプといえば、「隠しごとをせず本音を語る人」でしょう。知らないことや決定権のないことに対しても態度をはっきりとさせ、妥協点を見つけていく工夫をする人が、信頼関係を生み出すことができます。

　中国語で友だちを表す「**朋友**（péngyou）」と呼べる間柄は、単なる仲良しというよりも、「一緒に何かを作り上げていく人」という意味に解釈したほうがよいでしょう。

● じっくりつき合い、粘り強く交渉する

　人脈作りという点から始まって、中国人とのつき合いや交渉には相当な時間を要する場合が多いといえます。交渉を進めていると、最終的な合意点からかなりかけ離れたところで交渉が始まる、といったことも多々あります。

　ただし、日本人なら言いにくいことでも、ひるまず率直に問題点を提起してくるので、それに対するきちんとした答えをしていけばよいのです。時間をかければ不可能はないと信じ、交渉ごとを楽しんでいる場合もありますので、粘り強く交渉していくことが重要になります。

● 約束ごとには"例外あり"

　中国では、契約後に契約内容が変更される可能性もよくあります。「例外あり」が最大の特徴で、契約書は話し合いが行われたという単なる記録文書であるという説もあるぐらいです。

　ただ、決まりごとに関してルーズなのかというと、決してそうではありません。書面による形式的な約束ごとよりも、まず人と人との関係からすべてが始まるということを肝に銘じておく必要がありますし、その見極めが大切になってきます。

同じ文字でも意味の違う単語

　簡体字はもともと日本語の漢字と同じ文字からできているので、同じ文字の単語もあります。しかし日本語と中国語で、同じ字を書いてもまったく違う意味でも使う単語があります。「手纸（shǒuzhǐ）」が中国語で「トイレットペーパー」を表すのは有名ですが、このほかにも以下のような例があります。

中国語 （日本の漢字）	中国語の意味	中国語 （日本の漢字）	中国語の意味
新闻（新聞） xīnwén	ニュース	**工作**（工作） gōngzuò	仕事
颜色（顔色） yánsè	色	**对象**（対象） duìxiàng	相手
汽车（汽車） qìchē	自動車	**东西**（東西） dōngxi	もの
汤（湯） tāng	スープ	**出口**（出口） chūkǒu	輸出
妻子（妻子） qīzi	妻	**丈夫**（丈夫） zhàngfu	夫
人家（人家） rénjia	他人	**麻雀**（麻雀） máquè	すずめ
合算（合算） hésuàn	採算が合う	**打算**（打算） dǎsuàn	～するつもりである
便宜（便宜） piányi	（値段が）安い	**看病**（看病） kànbìng	診察する
结束（結束） jiéshù	終結する	**勉强**（勉強） miǎnqiǎng	強制する
清楚（清楚） qīngchu	はっきりしている	**放心**（放心） fàngxīn	安心する
告诉（告訴） gàosu	告げる	**小心**（小心） xiǎoxīn	用心する

第 1 章

中国語の基本

中国語の文字「簡体字」の成り立ち、基本文型、
発音の基礎について学んだ後、音の高低「四声」
を練習して、発音のコツをつかみましょう。

簡体字に慣れよう

中国語はすべて漢字で表記しますが、現在、中国では旧字体の字画を減らした漢字が使われています。これを簡体字と言います。

簡体字の成り立ちには下記のようにいくつかのパターンがあります。

1 もとの字の特徴的な部分を抜き出す	習 → 习　　婦 → 妇 飛 → 飞　　開 → 开
2 もとの字の輪郭を生かして略す	傘 → 伞　　齒 → 齿 報 → 报　　師 → 师
3 画数の少ない同音の文字で代替する	後 → 后　　穀 → 谷 鬪 → 斗　　徴 → 征
4 草書体を応用する	車 → 车　　長 → 长 書 → 书　　門 → 门
5 一部分に同音の文字をはめ込む	遠 → 远　　郵 → 邮 運 → 运　　種 → 种
6 イメージを利用して新しく作る	筆 → 笔　　涙 → 泪 陽 → 阳　　陰 → 阴
7 へんやつくりを同音の文字、草書体などで代替する	機 → 机　　説 → 说 觀 → 观　　劉 → 刘

簡体字の例

　前述の簡略化パターンのどれにあたるかを番号で示します（これは諸説ありますので、あくまで参考です）。

関 → 关	1	涼 → 凉	2	魚 → 鱼	4	響 → 响	6
広 → 广	1	風 → 风	2	馬 → 马	4	網 → 网	6
電 → 电	1	隻 → 只	3	過 → 过	4	覧 → 览	7
麗 → 丽	1	幾 → 几	3	進 → 进	5	熱 → 热	7
録 → 录	1	衝 → 冲	3	極 → 极	5	還 → 还	7
親 → 亲	1	雲 → 云	3	華 → 华	5	経 → 经	7
雑 → 杂	1	係 → 系	3	億 → 亿	5	伝 → 传	7
児 → 儿	1	時 → 时	4	歴 → 历	5	橋 → 桥	7
裏 → 里	1	為 → 为	4	認 → 认	5	貴 → 贵	7
動 → 动	2	楽 → 乐	4	隊 → 队	6	見 → 见	7
気 → 气	2	買 → 买	4	災 → 灾	6	飯 → 饭	7
様 → 样	2	東 → 东	4	霊 → 灵	6	銭 → 钱	7

基本文型を見てみよう

　中国語の文法は、基本的には英語と同じく「Ｓ（主語）＋Ｖ（述語）」、「Ｓ（主語）＋Ｖ（述語）＋Ｏ（目的語）」です。さらに時制、人称が変わっても動詞は変化せず、日本語の「てにをは」にあたる助詞もありません（意味は語順で表します）。

　ここでは、ごく基本的な３つの文型を見ていきます。

① 動詞述語文

パターンＡ 「〜は〜を〜します」

「主語＋動詞＋目的語」の文型です。

平叙文	私は本を読みます。 ウォ　カン　シュー Wǒ　kàn　shū **我　看　书。** 私は　読む　本を	
否定文	私は本を読みません。 ウォ　ブー　カン　シュー Wǒ　bú　kàn　shū **我　不　看　书。** 私は　ない　読む　本を	動詞の前に否定を表す「不」をつけると否定文になります。
疑問文	あなたは本を読みますか？ ニー　カン　シュー　マ Nǐ　kàn　shū　ma **你　看　书　吗?** あなたは　読む　本を　か	文の最後に疑問を表す「吗」をつけると疑問文になります。

パターンB　「〜は〜です」

　英語の be 動詞にあたる「是」を用いた述語文です。ちなみに「是」は人称が変わっても変化しません。

平叙文	私は日本人です。 ウォ　　シー　　リーベンレン Wǒ　　shì　　Rìběnrén **我　　是　　日本人。** 私は　　である　　日本人	
否定文	私は日本人ではありません。 ウォ　　ブー　　シー　　リーベンレン Wǒ　　bú　　shì　　Rìběnrén **我　　不　　是　　日本人。** 私は　　ない　　である　　日本人	動詞の前に否定を表す「不」をつけると否定文になります。
疑問文	あなたは日本人ですか？ ニー　　シー　　リーベンレン　マ Nǐ　　shì　　Rìběnrén　ma **你　　是　　日本人　吗?** あなたは　　である　　日本人　　か	文の最後に疑問を表す「吗」をつけると疑問文になります。

人称代名詞

	一人称	二人称	三人称		
単数	ウォ wǒ **我** （私）	ニー　　ニン nǐ　　nín **你・您** （あなた）	ター tā **他** （彼）	ター tā **她** （彼女）	ター tā **它** （それ）
複数	ウォメン　ツァンメン wǒ men　zán men **我们・咱们** （私たち）	ニーメン nǐ men **你们** （あなたたち）	ターメン tā men **他们** （彼ら）	ターメン tā men **她们** （彼女たち）	ターメン tā men **它们** （それら）

- 「私たち」の「咱们」は「話し手を含めた私たち」というときに用いる。
- 「あなた」の「您」は「你」の敬称。「您们」という複数形はない。

② 形容詞述語文

「〜は〜です」

　「主語＋述語（形容詞）」の文型です。形容詞述語文には、be 動詞にあたる「是」は不要です。

平叙文	中国語はやさしいです。 ハンユー　　　ロンイ Hànyǔ　　　róngyì **汉语　　　　容易。** 中国語は　　やさしい	
否定文	中国語はやさしくないです。 ハンユー　　　ブー　　　ロンイ Hànyǔ　　　bù　　　róngyì **汉语　　　　不　　　容易。** 中国語は　　ない　　　やさしい	形容詞の前に否定を表す「不」をつけると否定文になります。
疑問文	中国語はやさしいですか？ ハンユー　　　ロンイ　　　マ Hànyǔ　　　róngyì　　　ma **汉语　　　　容易　　　吗?** 中国語は　　やさしい　　か	文の最後に疑問を表す「吗」をつけると疑問文になります。

③ 名詞述語文

「〜は〜です」

　「名詞＋名詞」の文型です。話し言葉として使われることが多く、動詞にあたる「是」が省略されたものです。年齢、日時、金額などを言うときに使います。

平叙文	今日は土曜日です。 ジンティエン　シンチーリウ Jīntiān　　　xīngqī liù **今天　　　星期 六。** 今日は　　　土曜日	
否定文	今日は土曜日ではありません。 ジンティエン　ブーシー　　　シンチーリウ Jīntiān　　búshì　　　　xīngqī liù **今天　　不是　　　星期 六。** 今日は　　ではない　土曜日	否定文の場合は「是」を省略しません。
疑問文	今日は土曜日ですか？ ジンティエン　シー　　　シンチーリウ　マ Jīntiān　　shì　　　xīngqī liù　ma **今天　　是　　　星期 六　吗?** 今日は　　である　土曜日　か	疑問文の場合も「是」は省略しません。

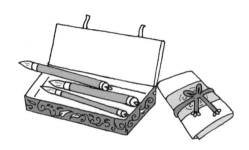

発音を練習してみよう

① 四声と軽声

中国語の発音は、ピンイン（ローマ字表記）と四声の組み合わせによって構成されています。四声とは、音の上げ下げや高低の調子（声調）のことで、第一声から第四声まであります。

四声は、声調符号というアクセント記号のようなものをピンインの上につけて表します。ピンインが同じでも声調が違えば、言葉が変わってくるので、注意が必要です。

第一声 高く、平らに発音する。
危険に直面したときの「あーっ！」に近い音。

第二声 低から高へ急に上がる。
人に何かを聞き返すときの「ああ？」に近い音。

第三声 ぐーっと下がり、尻が少し上がる。
失望・落胆したときの「あーあ」の調子に近い音。

第四声 上から下へ、ストンと落とす。
意外なものを見つけたときの「あ！」に近い音。

軽声 声調がなくなり、軽く発音される音。
前の文字の音節の後に軽く添えて発音され、声調符号はつけない。

発音練習

音声 01

[第一声] mā	[第二声] má	[第三声] mǎ	[第四声] mà	[軽声] ma
妈	麻	马	骂	吗
お母さん	麻	馬	罵る	〜か？

② 母音の発音

　単母音（日本語のアイウエオに相当するもの）は、全部で7種類あります。

発音練習	
a	日本語の「ア」よりも口を大きく開ける。
o	日本語の「オ」よりも口を丸く突き出す。
e	口の形は「エ」。声は喉の奥から「ウ」。
i (yi)	口を左右に引く。
u (wu)	前に唇を突き出す。
ü (yu)	「イ」の口で「ウ」と発音。
er	「e」の発音をしながら舌先を中に引く。

＊（　）内は前に子音がないときの綴りです。

③ 複合母音の発音

　2つ以上の母音が組み合わさった母音で、全部で13種類あります。

発音練習	

1)	ai	ei	ao	ou	
2)	ia (ya)	ie (ye)	ua (wa)	uo (wo)	üe (yue)
3)	iao (yao)	iou (you)	uai (wai)	uei (wei)	

＊　1) は前の母音を口を大きく開けて発音する二重母音、2) は後ろの母音を口を大きく開けて発音する二重母音、3) は三重母音です。三重母音は真ん中の母音を口を大きく開けて発音します。

＊（　）内は前に子音がないときの綴りです。

④ 鼻母音（-n,-ng をともなう母音）の発音

　母音に -n、-ng をともなったものを鼻母音といい、全部で 16 種類あります。-n と -ng の発音差は「案内（あんない）」と発音するときの「ん（-n）」、「案外（あんがい）」と発音するときの「ん（-ng）」と覚えておくとわかりやすいでしょう。

発音練習			
an	ang	ian (yan)	iang (yang)
uan (wan)	uang (wang)	en	eng
uen (wen)	ueng (weng)	in (yin)	ing (ying)
üan (yuan)	ün (yun)	ong	iong (yong)

＊（　）内は前に子音がないときの綴りです。

⑤ 子音の発音

　中国語の子音は全部で 21 種類あります。（　）内の母音をつけて練習してみましょう。

発音練習			
b (o) ※1	p (o) ※2	m (o)	f (o)
d (e) ※1	t (e) ※2	n (e)	l (e)
g (e) ※1	k (e) ※2	h (e)	
j (i) ※1	q (i) ※2	x (i)	
zh (i) ※1	ch (i) ※2	sh (i)	r (i)
z (i) ※1	c (i) ※2	s (i)	

＊　※1は無気音、※2は有気音です。
＊　有気音は息を強く出して発音します。口の前に紙を垂らした場合、発音した瞬間に紙が揺れる程度の息の強さです。
＊　無気音はそっと息を吐き出して発音します。

声調を練習してみよう

これまでに出てきた四声・母音・子音・複合母音・鼻母音を組み合わせて、いろいろな単語の発音を練習してみましょう。

① 1文字の単語の発音練習

1）第一声の単語

チー chī **吃** 食べる	フー hē **喝** 飲む	ティン tīng **听** 聴く	ジア jiā **家** 家
シュー shū **书** 本	マオ māo **猫** 猫	シュオ shuō **说** 話す	チョー chē **车** 車

2）第二声の単語

ニゥ niú **牛** 牛	メン mén **门** 門	チエン qián **钱** お金	チャー chá **茶** 茶
ホイ huí **回** 帰る	ライ lái **来** 来る	マン máng **忙** 忙しい	シュエ xué **学** 学ぶ

3）第三声の単語

シー xǐ **洗** 洗う	ゴゥ gǒu **狗** 犬	マイ mǎi **买** 買う	シエ xiě **写** 書く
サン sǎn **伞** 傘	ドン děng **等** 待つ	パオ pǎo **跑** 走る	ドゥワン duǎn **短** 短い

4）第四声の単語

チュー qù **去** 行く	シアオ xiào **笑** 笑う	シン xìn **信** 手紙	ドゥイ duì **对** 正しい
チャン chàng **唱** 歌う	ウォ wò **握** 握る	ルー rè **热** 暑い	レイ lèi **累** 疲れる

② 2文字以上の単語の発音練習

これまでの四声を組み合わせて、2文字の単語の発音を練習してみましょう。

ドンジン Dōngjīng **东京** 東京	ジアティン jiātíng **家庭** 家庭	ファンファー fāngfǎ **方法** 方法	アンジン ānjìng **安静** 静かだ
グオジア guójiā **国家** 国家	シュエシー xuéxí **学习** 学習	ピージウ píjiǔ **啤酒** ビール	ジエリー jiérì **节日** 祭日
ラオシー lǎoshī **老师** 教師	イーチエン yǐqián **以前** 以前	ショウビアオ shǒubiǎo **手表** 腕時計	ヨウイー yǒuyì **友谊** 友情
ツァイダン càidān **菜单** メニュー	ウェンティー wèntí **问题** 問題	リーベン Rìběn **日本** 日本	シュイジアオ shuìjiào **睡觉** 寝る

③ 変化する声調の発音練習

音声 08

　四声は後にくる文字によって、発音しやすいように変化することがあります。

1) 第三声＋第三声の場合、表記はそのままですが、発音は第二声＋第三声に変わります。

ヘンハオ hěnhǎo **很好** とてもよい	リアオジエ liǎojiě **了解** 理解する	シアオジエ xiǎojiě **小姐** 〜さん（若い女性に）

2) 「一」の発音は、基本は第一声「yī」ですが、後ろの文字が第四声の場合は第二声「yí」、それ以外の場合は第四声「yì」となります。

イーティエン yìtiān **一天** 一日	イーニエン yìnián **一年** 一年	イーディエン yìdiǎn **一点** 少し	イーヤン yíyàng **一样** 同じ

3) 「不」の発音は、基本は第四声「bù」ですが、後ろの文字が第四声の場合は第二声「bú」、それ以外の場合は第四声「bù」となります。

ブードゥオ bùduō **不多** 多くない	ブーライ bùlái **不来** 来ない	ブーハオ bùhǎo **不好** よくない	ブーカン búkàn **不看** 見ない

④ 発音の応用練習

1）3文字以上の単語

トゥーシューグワン túshūguǎn **图书馆** 図書館	ウーロンチャー wūlóngchá **乌龙茶** ウーロン茶	ドゥイブチー duìbuqǐ **对不起** ごめんなさい	フーウーユエン fúwùyuán **服务员** 従業員
ダーシーグワン dàshǐguǎn **大使馆** 大使館	プータオジウ pútáojiǔ **葡萄酒** ワイン	ジョンリーツーディエン Zhōng-Rìcídiǎn **中日词典** 中日辞典	ベイジンカオヤー Běijīngkǎoyā **北京烤鸭** 北京ダック

2）ピンインが同じで四声の違う単語

ユー yú **鱼** 魚	ユー yǔ **雨** 雨	チャー chá **茶** お茶	チャー chà **差** 足りない
チエン qián **前** 前	チエン qiān **千** 千	シュイジアオ shuìjiào **睡觉** 寝る	シュイジアオ shuǐjiǎo **水饺** 水餃子
ジアオシー jiàoshī **教师** 教師	ジアオシー jiàoshì **教室** 教室	シーイエン shìyàn **试验** 試験	シーイエン shíyán **食盐** 食塩
ショウジー shōují **收集** 収集する	ショウジー shǒujī **手机** 携帯電話	ガオスー gāosù **高速** 高速	ガオスー gàosu **告诉** 告げる

第**2**章

基本の単語

「食事」「買い物」「観光」などで、よく使う単語を集めています。音声を聴いて、書きとり練習をします。音声を繰り返し聴いて、まずは中国語の発音に慣れましょう。

食　事

① 料理	ツァイ cài **菜**	菜
② 茶	チャー chá **茶**	茶
③ （米の）ご飯	ミーファン mǐfàn **米饭**	米饭
④ スープ	タン tāng **汤**	汤
⑤ 粥	ジョウ zhōu **粥**	粥
⑥ 饅頭	バオズ bāozi **包子**	包子
⑦ おやつ	チャーディエン chádiǎn **茶点**	茶点

⑧	ミネラル ウォーター	クワンチュエンシュイ kuàngquánshuǐ **矿泉水**	矿泉水
⑨	調味料	ティアオリアオ tiáoliào **调料**	调料
⑩	醤油	ジアンヨウ jiàngyóu **酱油**	酱油
⑪	酢	ツー cù **醋**	醋
⑫	塩	イエン yán **盐**	盐
⑬	砂糖	シャータン shātáng **砂糖**	砂糖
⑭	碗	ワン wǎn **碗**	碗
⑮	皿	パンズ pánzi **盘子**	盘子
⑯	コップ	ベイズ bēizi **杯子**	杯子
⑰	グラス	ボーリベイ bōlibēi **玻璃杯**	玻璃杯
⑱	箸	クワイズ kuàizi **筷子**	筷子
⑲	ナプキン	ツァンジン cānjīn **餐巾**	餐巾
⑳	メニュー	ツァイダン càidān **菜单**	菜单

買い物

① 買い物	マイドンシ mǎidōngxi **买东西**	买东西
② 支払い	フークワン fùkuǎn **付款**	付款
③ お金	チエン qián **钱**	钱
④ 硬貨	インビー yìngbì **硬币**	硬币
⑤ 紙幣	ジービー zhǐbì **纸币**	纸币
⑥ おつり	ジャオチエン zhǎoqián **找钱**	找钱
⑦ クレジット カード	シンヨンカー xìnyòngkǎ **信用卡**	信用卡

⑧ 財布	チエンバオ qiánbāo **钱包**	钱包
⑨ 領収証	ファーピアオ fāpiào **发票**	发票
⑩ 買い物かご	ティーラン tílán **提篮**	提篮
⑪ レジ	ショウインタイ shōuyíntái **收银台**	收银台
⑫ 店員	フーウーユエン fúwùyuán **服务员**	服务员
⑬ 商品	シャンピン shāngpǐn **商品**	商品
⑭ 袋	バオジュワンダイ bāozhuāngdài **包装袋**	包装袋
⑮ 陳列台	グイタイ guìtái **柜台**	柜台
⑯ おみやげ	リーピン lǐpǐn **礼品**	礼品
⑰ 装飾品	ジュワンシーピン zhuāngshìpǐn **装饰品**	装饰品
⑱ 化粧品	ホワジュワンピン huàzhuāngpǐn **化妆品**	化妆品
⑲ 食料品	シーピン shípǐn **食品**	食品
⑳ 工芸品	ゴンイーピン gōngyìpǐn **工艺品**	工艺品

観　光

①	観光地	リューヨウジンディエン lǚyóujǐngdiǎn **旅游景点**	旅游景点
②	地図	ディートゥー dìtú **地图**	地图
③	パンフレット	シアオツーズ xiǎocèzi **小册子**	小册子
④	ガイド	ダオヨウ dǎoyóu **导游**	导游
⑤	切符	ピアオ piào **票**	票
⑥	切符売り場	ショウピアオチュー shòupiàochù **售票处**	售票处
⑦	名所旧跡	ミンショングージー míngshènggǔjì **名胜古迹**	名胜古迹

⑧ 博物館	ボーウーグワン bówùguǎn **博物馆**	博物馆	
⑨ 寺	スーミアオ sìmiào **寺庙**	寺庙	
⑩ 売店	シアオマイブー xiǎomàibù **小卖部**	小卖部	
⑪ レストラン	ツァンティン cāntīng **餐厅**	餐厅	
⑫ トイレ	ツースオ cèsuǒ **厕所**	厕所	
⑬ エレベーター	ディエンティー diàntī **电梯**	电梯	
⑭ エスカレーター	ディエンドンフーティー diàndòngfútī **电动扶梯**	电动扶梯	
⑮ 喫煙所	シーイエンチュー xīyānchù **吸烟处**	吸烟处	
⑯ 禁煙	ジンジーシーイエン jìnzhǐxīyān **禁止吸烟**	禁止吸烟	
⑰ 劇場	ジューチャン jùchǎng **剧场**	剧场	
⑱ カメラ	ジャオシアンジー zhàoxiàngjī **照相机**	照相机	
⑲ 写真	ジャオピエン zhàopiàn **照片**	照片	
⑳ 撮影	パイジャオ pāizhào **拍照**	拍照	

①	デパート	バイフオシャンディエン bǎihuòshāngdiàn **百货商店**	百货商店
②	スーパー マーケット	チャオジーシーチャン chāojíshìchǎng **超级市场**	超级市场
③	コンビニエンス ストア	ファンビエンシャンディエン fāngbiànshāngdiàn **方便商店**	方便商店
④	市場	シーチャン shìchǎng **市场**	市场
⑤	ホテル	ファンディエン fàndiàn **饭店**	饭店
⑥	ビル	ダーロウ dàlóu **大楼**	大楼
⑦	郵便局	ヨウジュー yóujú **邮局**	邮局

⑧ 空港	ジーチャン jīchǎng **机场**	机场	
⑨ 港	ガンコウ gǎngkǒu **港口**	港口	
⑩ 駅	チョージャン chēzhàn **车站**	车站	
⑪ 電車	ディエンチョー diànchē **电车**	电车	
⑫ 地下鉄	ディーティエ dìtiě **地铁**	地铁	
⑬ バス	ゴンゴンチーチョー gōnggòngqìchē **公共汽车**	公共汽车	
⑭ タクシー	チューズーチーチョー chūzūqìchē **出租汽车**	出租汽车	
⑮ 自動車	チーチョー qìchē **汽车**	汽车	
⑯ 道路	マールー mǎlù **马路**	马路	
⑰ 横断歩道	レンシンフンダオ rénxínghéngdào **人行横道**	人行横道	
⑱ 道路標識	ルービアオ lùbiāo **路标**	路标	
⑲ 信号	ホンリュードン hónglǜdēng **红绿灯**	红绿灯	
⑳ 交番	パイチュースオ pàichūsuǒ **派出所**	派出所	

住まい・家の中のもの

		メンコウ ménkǒu	
①	玄関	**门口**	门口

		チージューシー qǐjūshì	
②	居間	**起居室**	起居室

		チューファン chúfáng	
③	台所	**厨房**	厨房

		ウォーシー wòshì	
④	寝室	**卧室**	卧室

		グワンシーシー guànxǐshì	
⑤	洗面所	**盥洗室**	盥洗室

		シーザオジエン xǐzǎojiān	
⑥	浴室	**洗澡间**	洗澡间

		ロウティー lóutī	
⑦	階段	**楼梯**	楼梯

⑧ ドア	メン mén **门**	门
⑨ ベッド	チュワン chuáng **床**	床
⑩ テーブル	ジュオズ zhuōzi **桌子**	桌子
⑪ 椅子	イーズ yǐzi **椅子**	椅子
⑫ ソファー	シャーファー shāfā **沙发**	沙发
⑬ エアコン	コンティアオ kōngtiáo **空调**	空调
⑭ 電話	ディエンホワ diànhuà **电话**	电话
⑮ パソコン	ディエンナオ diànnǎo **电脑**	电脑
⑯ テレビ	ディエンシージー diànshìjī **电视机**	电视机
⑰ 冷蔵庫	ディエンビンシアン diànbīngxiāng **电冰箱**	电冰箱
⑱ 電子レンジ	ウェイボールー wēibōlú **微波炉**	微波炉
⑲ 洗濯機	シーイージー xǐyījī **洗衣机**	洗衣机
⑳ 掃除機	シーチェンチー xīchénqì **吸尘器**	吸尘器

ホテル

① フロント	フーウータイ fúwùtái **服务台**	服务台	
② 鍵	ヤオシ yàoshi **钥匙**	钥匙	
③ セーフティー ボックス	バオシエングイ bǎoxiǎnguì **保险柜**	保险柜	
④ ルーム サービス	ソンツァンフーウー sòngcānfúwù **送餐服务**	送餐服务	
⑤ 灰皿	イエンホイガン yānhuīgāng **烟灰缸**	烟灰缸	
⑥ 栓抜き	ピンチーズ píngqǐzi **瓶起子**	瓶起子	
⑦ 毛布	タンズ tǎnzi **毯子**	毯子	

		トゥオシエ tuōxié	
⑧	スリッパ	拖鞋	拖鞋
⑨	ハンガー	イージア yījià 衣架	衣架
⑩	かみそり	グワリエンダオ guāliǎndāo 刮脸刀	刮脸刀
⑪	石鹸	フェイザオ féizào 肥皂	肥皂
⑫	タオル	マオジン máojīn 毛巾	毛巾
⑬	シャワー	リンユー línyù 淋浴	淋浴
⑭	シャンプー	シーファーイェ xǐfàyè 洗发液	洗发液
⑮	リンス	フーファースー hùfàsù 护发素	护发素
⑯	歯ブラシ	ヤーシュワ yáshuā 牙刷	牙刷
⑰	歯磨き粉	ヤーガオ yágāo 牙膏	牙膏
⑱	くし	シューズ shūzi 梳子	梳子
⑲	鏡	ジンズ jìngzi 镜子	镜子
⑳	ドライヤー	チュイフォンジー chuīfēngjī 吹风机	吹风机

		ジアクー jiākè	
①	ジャンパー	**茄克**	茄克
②	ワイシャツ	チェンシャン chènshān **衬衫**	衬衫
③	セーター	マオイー máoyī **毛衣**	毛衣
④	ズボン	クーズ kùzi **裤子**	裤子
⑤	ブラウス	ニューチェンシャン nǚchènshān **女衬衫**	女衬衫
⑥	スカート	チュンズ qúnzi **裙子**	裙子
⑦	マフラー	ウェイジン wéijīn **围巾**	围巾

⑧ ネクタイ	リンダイ lǐngdài **领带**	领带
⑨ 手袋	ショウタオ shǒutào **手套**	手套
⑩ 帽子	マオズ màozi **帽子**	帽子
⑪ 靴	シエ xié **鞋**	鞋
⑫ 靴下	ワーズ wàzi **袜子**	袜子
⑬ メガネ	イエンジン yǎnjìng **眼镜**	眼镜
⑭ 腕時計	ショウビアオ shǒubiǎo **手表**	手表
⑮ 指輪	ジエジ jièzhi **戒指**	戒指
⑯ バッグ	ピーバオ píbāo **皮包**	皮包
⑰ スーツケース	ピーシアン píxiāng **皮箱**	皮箱
⑱ 名刺	ミンピエン míngpiàn **名片**	名片
⑲ 携帯電話	ショウジー shǒujī **手机**	手机
⑳ 傘	ユーサン yǔsǎn **雨伞**	雨伞

家族の呼び方

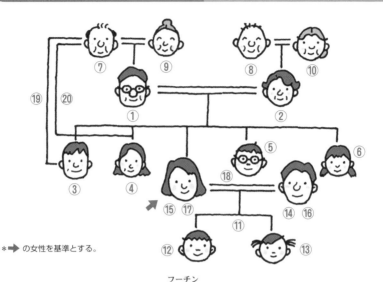

*➡ の女性を基準とする。

①	父	フーチン fùqīn **父亲**	父亲
②	母	ムーチン mǔqīn **母亲**	母亲
③	兄	グーグ gēge **哥哥**	哥哥
④	姉	ジエジエ jiějie **姐姐**	姐姐
⑤	弟	ディーディ dìdi **弟弟**	弟弟
⑥	妹	メイメイ mèimei **妹妹**	妹妹
⑦	祖父（父方の）	イエイエ yéye **爷爷**	爷爷

⑧ 祖父（母方の）	ラオイエ lǎoye **老爷**	老爷
⑨ 祖母（父方の）	ナイナイ nǎinai **奶奶**	奶奶
⑩ 祖母（母方の）	ラオラオ lǎolao **姥姥**	姥姥
⑪ 子供	ハイズ háizi **孩子**	孩子
⑫ 息子	アルズ érzi **儿子**	儿子
⑬ 娘	ニューアル nǚér **女儿**	女儿
⑭ 夫	ジャンフ zhàngfu **丈夫**	丈夫
⑮ 妻	チーズ qīzi **妻子**	妻子
⑯ 主人	シエンション xiānsheng **先生**	先生
⑰ 奥さん	タイタイ tàitai **太太**	太太
⑱ 配偶者	アイレン àiren **爱人**	爱人
⑲ 孫（男）	スンズ sūnzi **孙子**	孙子
⑳ 孫（女）	スンニュー sūnnǚ **孙女**	孙女

気候・天候・自然

音声 18

① 晴れ
チンティエン
qíngtiān
晴天
晴天

② 曇り
インティエン
yīntiān
阴天
阴天

③ 雨
ユー
yǔ
雨
雨

④ 雪
シュエ
xuě
雪
雪

⑤ 風
フォン
fēng
风
风

⑥ 台風
タイフォン
táifēng
台风
台风

⑦ 地震
ディージェン
dìzhèn
地震
地震

50

⑧ 津波　海啸 ハイシアオ hǎixiào　海啸

⑨ 雷　雷 レイ léi　雷

⑩ 星　星星 シンシン xīngxing　星星

⑪ 月　月亮 ユエリアン yuèliang　月亮

⑫ 雲　云彩 ユンツァイ yúncai　云彩

⑬ 気温　气温 チーウェン qìwēn　气温

⑭ 湿度　湿度 シードゥー shīdù　湿度

⑮ 天気予報　天气预报 ティエンチーユーバオ tiānqìyùbào　天气预报

⑯ 気圧　气压 チーヤー qìyā　气压

⑰ 暑い　热 ルー rè　热

⑱ 寒い　冷 ロン lěng　冷

⑲ 暖かい　暖和 ヌワンフオ nuǎnhuo　暖和

⑳ 涼しい　凉快 リアンクワイ liángkuai　凉快

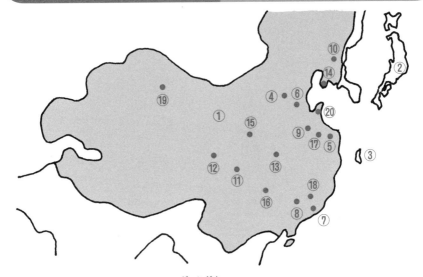

① 中国	<ruby>中国<rt>ジョングオ Zhōngguó</rt></ruby>	中国
② 日本	<ruby>日本<rt>リーベン Rìběn</rt></ruby>	日本
③ 台湾	<ruby>台湾<rt>タイワン Táiwān</rt></ruby>	台湾
④ 北京	<ruby>北京<rt>ベイジン Běijīng</rt></ruby>	北京
⑤ 上海	<ruby>上海<rt>シャンハイ Shànghǎi</rt></ruby>	上海
⑥ 天津	<ruby>天津<rt>ティエンジン Tiānjīn</rt></ruby>	天津
⑦ 香港	<ruby>香港<rt>シアンガン Xiānggǎng</rt></ruby>	香港

		グワンジョウ Guǎngzhōu	
⑧	広州	广州	广州
⑨	南京	ナンジン Nánjīng 南京	南京
⑩	瀋陽	シェンヤン Shěnyáng 沈阳	沈阳
⑪	重慶	チョンチン Chóngqìng 重庆	重庆
⑫	成都	チョンドゥー Chéngdū 成都	成都
⑬	武漢	ウーハン Wǔhàn 武汉	武汉
⑭	大連	ダーリエン Dàlián 大连	大连
⑮	西安	シーアン Xī'ān 西安	西安
⑯	桂林	グイリン Guìlín 桂林	桂林
⑰	蘇州	スージョウ Sūzhōu 苏州	苏州
⑱	深圳	シェンジェン Shēnzhèn 深圳	深圳
⑲	敦煌	ドゥンホワン Dūnhuáng 敦煌	敦煌
⑳	青島	チンダオ Qīngdǎo 青岛	青岛

よく使う動詞①

	日本語	ピンイン	
①	言う・話す	シュオ shuō **说**	说
②	書く	シエ xiě **写**	写
③	聞く	ティン tīng **听**	听
④	読む	ニエン niàn **念**	念
⑤	見る	カン kàn **看**	看
⑥	思う	シアン xiǎng **想**	想
⑦	行く	チュー qù **去**	去

⑧	来る	ライ lái **来**	来
⑨	帰る	ホイ huí **回**	回
⑩	食べる	チー chī **吃**	吃
⑪	飲む	フー hē **喝**	喝
⑫	起きる	チーチュワン qǐchuáng **起床**	起床
⑬	寝る	シュイジアオ shuìjiào **睡觉**	睡觉
⑭	着る	チュワン chuān **穿**	穿
⑮	探す	ジャオ zhǎo **找**	找
⑯	買う	マイ mǎi **买**	买
⑰	知る	ジーダオ zhīdao **知道**	知道
⑱	好む	シーホワン xǐhuan **喜欢**	喜欢
⑲	休む	シウシ xiūxi **休息**	休息
⑳	（料理を） 注文する	ディエンツァイ diǎncài **点菜**	点菜

① 歩く・行く	ゾウ zǒu **走**	走	
② 走る	パオ pǎo **跑**	跑	
③ 歌う	チャン chàng **唱**	唱	
④ 立つ	ジャン zhàn **站**	站	
⑤ 座る	ズオ zuò **坐**	坐	
⑥ 入る	ジン jìn **进**	进	
⑦ 出る	チュー chū **出**	出	

⑧	開く・(車を)運転する	カイ kāi 开	开
⑨	閉じる	グワン guān 关	关
⑩	持っている	ヨウ yǒu 有	有
⑪	(手に)持つ	ナー ná 拿	拿
⑫	する(作る・こしらえる)	ズオ zuò 做	做
⑬	する(行う・活動する)	ズオ zuò 作	作
⑭	(はさみで)切る	ジエン jiǎn 剪	剪
⑮	急ぐ	ジー jí 急	急
⑯	尋ねる	ウェン wèn 问	问
⑰	答える	ホイダー huídá 回答	回答
⑱	忘れる	ワン wàng 忘	忘
⑲	記す・覚える	ジー jì 记	记
⑳	置く	ファン fàng 放	放

①	よい	<ruby>好<rt>ハオ</rt></ruby> hǎo 好	好
②	悪い	bùhǎo ブーハオ 不好	不好
③	きれいな	hǎokàn ハオカン 好看	好看
④	美しい	piàoliang ピアオリアン 漂亮	漂亮
⑤	忙しい	máng マン 忙	忙
⑥	嬉しい	gāoxìng ガオシン 高兴	高兴
⑦	悲しい・つらい	nánguò ナングオ 难过	难过

⑧ 楽しい　**愉快**〔ユークワイ / yúkuài〕　愉快

⑨ 若い　**年轻**〔ニエンチン / niánqīng〕　年轻

⑩ 年配である　**上年纪**〔シャンニエンジ / shàngniánji〕　上年纪

⑪ 太っている　**胖**〔パン / pàng〕　胖

⑫ 痩せている　**瘦**〔ショウ / shòu〕　瘦

⑬ 早い　**早**〔ザオ / zǎo〕　早

⑭ 速い　**快**〔クワイ / kuài〕　快

⑮ (時間が)遅い　**晚**〔ワン / wǎn〕　晚

⑯ (スピードが)遅い　**慢**〔マン / màn〕　慢

⑰ (値段が)高い　**贵**〔グイ / guì〕　贵

⑱ 安い　**便宜**〔ビエンイ / piányi〕　便宜

⑲ 高い　**高**〔ガオ / gāo〕　高

⑳ 低い　**低**〔ディー / dī〕　低

		ハオチー hǎochī	
①	おいしい	**好吃**	好吃
②	まずい	ブーハオチー bùhǎochī **不好吃**	不好吃
③	辛い	ラー là **辣**	辣
④	甘い	ティエン tián **甜**	甜
⑤	塩辛い	シエン xián **咸**	咸
⑥	すっぱい	スワン suān **酸**	酸
⑦	苦い	クー kǔ **苦**	苦

⑧ 油っこい ヨウニー yóunì 油腻 油腻

⑨ 大きい ダー dà 大 大

⑩ 小さい シアオ xiǎo 小 小

⑪ 長い チャン cháng 长 长

⑫ 短い ドゥワン duǎn 短 短

⑬ 厚い ホウ hòu 厚 厚

⑭ 薄い バオ báo 薄 薄

⑮ 太い ツー cū 粗 粗

⑯ 細い シー xì 细 细

⑰ 重い ジョン zhòng 重 重

⑱ 軽い チン qīng 轻 轻

⑲ 遠い ユエン yuǎn 远 远

⑳ 近い ジン jìn 近 近

数　字

● 100 までの数字

0 リン líng 零	1 イー yī 一	2 アル èr 二	3 サン sān 三	4 スー sì 四
5 ウー wǔ 五	6 リウ liù 六	7 チー qī 七	8 バー bā 八	9 ジウ jiǔ 九
10 シー shí 十	12 シーアル shíèr 十二	23 アルシーサン èrshísān 二十三	34 サンシースー sānshísì 三十四	45 スーシーウー sìshíwǔ 四十五
56 ウーシーリウ wǔshíliù 五十六	67 リウシーチー liùshíqī 六十七	78 チーシーバー qīshíbā 七十八	89 バーシージウ bāshíjiǔ 八十九	91 ジウシーイー jiǔshíyī 九十一

● 100 以上の数字

100	イーバイ yìbǎi 一百	* 日本語のように「百」ではなく、頭に「一」をつける。
101	イーバイ リン イー yìbǎi líng yī 一百零一	* 間に 0 が入る場合は「零」を読む。
230	アルバイ サンシー èrbǎi sānshí 二百三十	* 百の頭に 2 がつく場合は、「二」とする。
340	サンバイ スー sānbǎi sì 三百四	* 直前の位があって、以下が 0 の場合は末尾を省略できる。

1,000	イーチエン yìqiān **一千**	* 日本語のように「千」ではなく、頭に「一」をつける。
1,005	イーチエン リン ウー yìqiān líng wǔ **一千零五**	* 間に0が2つの場合は、零の読みは1回でよい。
2,400	リアンチエン スー liǎngqiān sì **两千四**	* 千以上の場合、2がつくときは「两」とする。0は2つ続いても省略できる。
36,487	サンワン リウチエン スーバイ バーシー チー sānwàn liùqiān sìbǎi bāshí qī **三万六千四百八十七**	* すべての桁がある場合は、日本語と同様に読む。
1 億	イーイー yìyí **一亿**	* 「億」だけではなく、頭に「一」をつける。

● 数字を使ったさまざまな表し方

1949 年	イー ジウ スージウ ニエン yī jiǔ sì jiǔ nián **一九四九年**	* 年号・番号は数字を一つひとつ読む。
2701 号室	アル チー リン ヤオ ファンジエン èr qī líng yāo fángjiān **二七零一房间**	* 番号では、「七」との混乱をさけるため、「一」は「yāo」と発音する。
3201-4873	サン アル リン ヤオ スー バー チー サン sān èr líng yāo sì bā qī sān **三二零一四八七三**	* ハイフンは読まずに、数字を一つひとつ読む。
3 分の 1	サン フェン ジー イー sān fēn zhī yī **三分之一**	
29%	バイ フェン ジー アル シー ジウ bǎi fēn zhī èr shí jiǔ **百分之二十九**	* パーセントは「百分之〜」で表す。
2.3	アル ディエン サン èr diǎn sān **二点三**	* 小数は日本語と同じように、「○点○」で表す。
3 倍	ダー リアン ベイ dà liǎng bèi **大两倍**	* 3倍は「2倍大きい」と表す。「4倍」なら「大三倍」となる。

量　詞

个 _{グ ge}	物や人	1 個のリンゴ	_{イーグ ピングオ} _{yíge píngguǒ} **一个 苹果**
杯 _{ベイ bēi}	コップに入ったもの	2 杯のお茶	_{リアンベイ チャー} _{liǎngbēi chá} **两杯 茶**
张 _{ジャン zhāng}	平らな面を持ったもの	3 枚のチケット	_{サンジャン ピアオ} _{sānzhāng piào} **三张 票**
支 _{ジー zhī}	棒や筆記用具など	4 本の鉛筆	_{スージー チエンビー} _{sìzhī qiānbǐ} **四支 铅笔**
瓶 _{ピン píng}	ビン入りのもの	5 本のビール	_{ウーピン ピージウ} _{wǔpíng píjiǔ} **五瓶 啤酒**
双 _{シュワン shuāng}	2 つで一組のもの	6 膳の箸	_{リウシュワン クワイズ} _{liùshuāng kuàizi} **六双 筷子**
本 _{ベン běn}	書籍・ノート類	7 冊の本	_{チーベン シュー} _{qīběn shū} **七本 书**

ティアオ tiáo 条	細長いもの	8 匹の魚	バーティアオ ユー bātiáo　yú 八条 鱼
コウ kǒu 口	家族・人口など の頭数	9 人の人	ジウコウ レン jiǔkǒu　rén 九口 人
フー hé 盒	小さな箱に入っ たもの	10 箱のタバコ	シーフー イエン shíhé　yān 十盒 烟
ジー zhī 只	犬・羊・鳥類な ど	1 羽の鳥	イージー ニアオ yìzhī　niǎo 一只 鸟
ジエン jiàn 件	服・事柄など	2 枚の服	リアンジエン イーフ liǎngjiàn　yīfu 两件 衣服
ズオ zuò 座	大きくどっしり としたもの	3 つの山	サンズオ シャン sānzuò　shān 三座 山
バー bǎ 把	取っ手のついた もの	4 本の傘	スーバー サン sìbǎ　sǎn 四把 伞
リアン liàng 辆	車輌類	5 輌の車	ウーリアン チョー wǔliàng　chē 五辆 车
バオ bāo 包	小さい紙包みや 袋に入れたもの	6 袋の茶葉	リウバオ チャーイエ liùbāo　cháyè 六包 茶叶
ピー pǐ 匹	馬・布など	7 頭の馬	チーピー マー qīpǐ　mǎ 七匹 马
ジア jiā 家	商店・企業など	8 軒の工場	バージア ゴンチャン bājiā　gōngchǎng 八家 工厂
タオ tào 套	セットになった もの	9 セットの機器	ジウタオ ジーチ jiǔtào　jīqi 九套 机器
ロウ lóu 楼	建物の階数	10 階	シー ロウ shí　lóu 十 楼

中国の年中行事

　中国では伝統的な行事は旧暦で祝います。その中でも最大の行事は「春節（旧正月）」。街中のあちこちで爆竹を鳴らし、花火を打ち上げて旧正月を祝う様子をテレビなどで目にしたこともあるのでは？　ここでは、中国の伝統的な行事をいくつか紹介します。

行　事	暦	概　要
元旦 **元旦** Yuándàn	新暦1月1日	中国では、新暦よりも旧暦の新年を重んじる傾向がある。新暦の新年は1日だけ祝日とされている。
春節（旧正月） **春节** Chūnjié	旧暦1月1日	中国最大の祝日。旧暦1月1日なので、行事が行われる日は毎年大幅に変わる。祝日としては3日間だが、1週間から10日程度の休暇になるところが多い。世界中の中華系民族が祝う大きな祭り。
元宵節 **元宵节** Yuánxiāojié	旧暦1月15日	春節後、最初の満月を観賞し、もち米で作った団子を食べる一家団らんの夜。
清明節 **清明节** Qīngmíngjié	旧暦の春分の日の15日後	墓前で金銭を模した紙を焼いて、祖先のもとに送り、先祖を敬う行事。
労働節 （メーデー） **劳动节** Láodòngjié	新暦5月1日	労働者の日。「五一」ともいう。ゴールデンウィークの約1週間の大型連休。「五一黄金周」とも呼ばれる。
端午節 **端午节** Duānwǔjié	旧暦5月5日	楚の国の愛国詩人、屈原を記念した日（日本の「こどもの日」とは意味合いが違う）。
中秋節 **中秋节** Zhōngqiūjié	旧暦8月15日	名月を観賞して月餅を贈り合い、家族円満を願う行事。
重陽節 **重阳节** Chóngyángjié	旧暦9月9日	五行で「陽」にあたる9が2つ重なるので「重陽」という。菊花酒を飲む習慣がある。
国慶節 （建国記念日） **国庆节** Guóqìngjié	新暦10月1日	国を挙げて祝われる、中華人民共和国成立の日。前日を含めて約1週間の休みとなる。

第 3 章

カタコトフレーズ

「こんにちは」「ありがとう」「ごめんなさい」
など、そのまま使える短いフレーズを覚えま
しょう。音声を聴いて、フレーズを書きとり
ながら練習できます。

こんにちは／さようなら

こんにちは。

ニー　ハオ
Nǐ　hǎo
你 好！
あなたは　よい

你好！

こんにちは。（目上の人に対して）

ニン　ハオ
Nín　hǎo
您 好！
あなた(敬称)は　よい

您好！

みなさん、こんにちは。

ニーメン　ハオ
Nǐmen　hǎo
你们 好！
あなたたちは　よい

你们好！

おはよう。

ザオシャン　ハオ
Zǎoshàng　hǎo
早上 好！
朝は　よい

早上好！

こんばんは。

ワンシャン　ハオ
Wǎnshàng　hǎo
晚上 好！
夜は　よい

晚上好！

おやすみなさい。

ワン　アン
Wǎn　ān
晚 安。
夜は　安らか

晚安。

さようなら。

<ruby>再<rt>ザイ
Zài</rt></ruby> <ruby>见<rt>ジエン
jiàn</rt></ruby>！
また　会う

再见！

また明日（会いましょう）。

<ruby>明天<rt>ミンティエン
Míngtiān</rt></ruby> <ruby>见<rt>ジエン
jiàn</rt></ruby>！
明日　会う

明天 见！

またあとで（会いましょう）。

<ruby>一会儿<rt>イーホワール
Yíhuìr</rt></ruby> <ruby>见<rt>ジエン
jiàn</rt></ruby>！
少しの間　会う

一会儿 见！

また来週（会いましょう）。

<ruby>下星期<rt>シアシンチー
Xiàxīngqī</rt></ruby> <ruby>见<rt>ジエン
jiàn</rt></ruby>！
来週　会う

下星期 见！

北京でまた（会いましょう）。

<ruby>北京<rt>ベイジン
Běijīng</rt></ruby> <ruby>见<rt>ジエン
jiàn</rt></ruby>！
北京　会う

北京 见！

書きとり練習

音声を聴いて、中国語で書いてみましょう。

音声 27

①こんにちは。　　　　②さようなら。

_____　　　_____

答え　①你好！　　②再见！

お元気ですか？／はい・いいえ

お元気ですか？

ニー　ハオ　マ
Nǐ　hǎo　ma

你 好 吗？
あなたは　よい　か

你好吗？

元気です。

ウォ　ヘン　ハオ
Wǒ　hěn　hǎo

我 很 好。
私は　とても　よい

我很好。

まあまあです。

ハイ　　クーイー
Hái　　kěyǐ

还 可以。
まあ　よい

还可以。

体調はいかがですか？

ニー　シェンティー　ハオ　マ
Nǐ　shēntǐ　hǎo　ma

你身体 好 吗？
あなたは　身体が　よい　か

你身体好吗？

最近はお元気ですか？

ズイジン　ニー　ハオ　マ
Zuìjìn　nǐ　hǎo　ma

最近 你 好 吗？
最近　あなたは　よい　か

最近你好吗？

忙しいですか？

ニー　マン　マ
Nǐ　máng　ma

你 忙 吗？
あなたは　忙しい　か

你忙吗？

はい。／いいえ。（事実であるか否か）

シー　　　　　　ブーシー
Shì　　　　　　Búshì

是。／不是。　　是。／不是。
はい　　　いいえ

- -

はい。／いいえ。（その通りかどうか）

ドゥイ　　　　　ブードゥイ
Duì　　　　　　Búduì

対。／不対。　　対。／不対。
はい　　　いいえ

- -

はい。（いいですよ）

ハオ　　ダ
Hǎo　　de

好 的。　　　　好 的。
はい

- -

あります。／ありません。

ヨウ　　　　　　メイヨウ
Yǒu　　　　　　Méiyǒu

有。／没有。　　有。／没有。
ある　　　　ない

- -

いいです。／だめです。（許可するか否か）

クーイー　　　　ブーシン
Kěyǐ　　　　　　Bùxíng

可以。／不行。　　可以。／不行。
はい　　　　いいえ

- -

書きとり練習

音声を聴いて、中国語で書いてみましょう。 音声 29

①お元気ですか？　　　　　②元気です。

_____　　_____

答え　①你好吗?　　②我很好。

わかりました／わかりません

わかりました。（オーケー）

ハオ　ダ
Hǎo　de
好 的。
はい

わかりましたか？

ミンバイ　ラ　マ
Míngbai　le　ma
明白 了 吗?
はっきりしている　した　か

明白 了 吗？

わかりました。

ミンバイ　ラ
Míngbai　le
明白 了。
はっきりしている　した

明白 了。

わかりません。

ブー　ミンバイ
Bù　míngbai
不 明白。
ない　はっきりしている

不 明白。

わかりますか？（知っていますか？）

ニー　ジーダオ　マ
Nǐ　zhīdao　ma
你 知道 吗?
あなたは　知っている　か

你 知道 吗？

わかります。（知っています）

ウォ　ジーダオ
Wǒ　zhīdao
我 知道。
私は　知っている

我 知道。

72

わかりません。（知りません）

ウォ　ブー　ジーダオ
Wǒ　bù　zhīdao

我 不 知道。
私は　ない　知っている

我 不 知道。

· ·

わかります。（聞いたことが理解できる）

ティン　ダ　ドン
Tīng　de　dǒng

听 得 懂。
聞いて　できる　わかる

听 得 懂。

· ·

わかりません。（聞いたことが理解できない）

ティン　ブ　ドン
Tīng　bu　dǒng

听 不 懂。
聞いて　ない　わかる

听 不 懂。

· ·

わかりました。（はっきり見えてわかる）

カン　ダ　チンチュ
Kàn　de　qīngchu

看 得 清楚。
見て　できる　はっきりする

看 得 清楚。

· ·

わかりません。（見えなくてわからない）

カン　ブ　チンチュ
Kàn　bu　qīngchu

看 不 清楚。
見て　ない　はっきりする

看 不 清楚。

· ·

書きとり練習

音声を聴いて、中国語で書いてみましょう。

音声
31

①わかりましたか？　　　②わかりました。

_____　　　_____

答え　①明白了吗?　　②明白了。

ありがとう／どういたしまして

ありがとう。

シエシエ
Xièxie

谢谢！
ありがとう

谢谢！

・・・・・・・・・・・・・・・・・・・・・・・・・・・・・・・・・・・・・・

ありがとうございます。

シエシエ　　ニー
Xièxie　　nǐ

谢谢 你！
ありがとう　あなたに

谢谢 你！

・・・・・・・・・・・・・・・・・・・・・・・・・・・・・・・・・・・・・・

本当にありがとうございます。

フェイチャン　ガンシエ
Fēicháng　gǎnxiè

非常 感谢。
非常に　　感谢する

非常 感谢。

・・・・・・・・・・・・・・・・・・・・・・・・・・・・・・・・・・・・・・

大変ありがとうございます。

タイ　シエシエ　ニー　ラ
Tài　xièxie　nǐ　le

太 谢谢 你 了！
とても　ありがとう　あなたに

太 谢谢 你 了！

・・・・・・・・・・・・・・・・・・・・・・・・・・・・・・・・・・・・・・

ご招待ありがとうございます。

シエシエ　ニー　ダ　ジャオダイ
Xièxie　nǐ　de　zhāodài

谢谢 你 的 招待。
ありがとう　あなたの　招待に

谢谢 你 的 招待。

・・・・・・・・・・・・・・・・・・・・・・・・・・・・・・・・・・・・・・

ありがとう、けっこうです。（断るとき）

シエシエ　ブーヨン　ラ
Xièxie　búyòng　le

谢谢，不用 了。
ありがとう　　必要ない

谢谢，不用 了。

・・・・・・・・・・・・・・・・・・・・・・・・・・・・・・・・・・・・・・

お気兼ねなく。

ブー　クーチ
Bú　kèqi
不 客气。
ない　遠慮する

不 客气。

お気兼ねなく。

ブー　ヤオ　クーチ
Bú　yào　kèqi
不 要 客气。
してはいけない　遠慮する

不 要 客气。

どういたしまして。

ブー　シエ
Bú　xiè
不 谢。
ない　感謝する

不 谢。

どういたしまして。

ノーヨン　シエ
Búyòng　xiè
不用 谢。
必要ない　感謝する

不用 谢。

とんでもないです。

ナーリ　ナーリ
Nǎli　nǎli
哪里 哪里。
どこ　どこ

哪里 哪里。

書きとり練習

音声を聴いて、中国語で書いてみましょう。

音声
33

①ありがとうございます。　　②どういたしまして。

_____　　_____

答え　①谢谢你！　　②不谢。

ごめんなさい／大丈夫です

ごめんなさい。

ドゥイブチー
Duìbuqǐ
对不起。 对不起。
ごめんなさい

本当にごめんなさい。

シーザイ　　ドゥイブチー
Shízài　　duìbuqǐ
实在 对不起。 实在 对不起。
本当に　　ごめんなさい

ご勘弁ください。

チン　　ユエンリアン
Qǐng　　yuánliàng
请 原谅。 请 原谅。
どうぞ　　許す

すみません。（比較的軽い謝意）

ブーハオ　　イース
Bùhǎo　　yìsi
不好 意思。 不好 意思。
よくない　　気持ち

お手数をおかけします。

マーファン　　ニン　　ラ
Máfan　　nín　　le
麻烦 您 了。 麻烦 您 了。
面倒をかける　あなたに

本当に申しわけありません。

ヘン　　バオチエン
Hěn　　bàoqiàn
很 抱歉。 很 抱歉。
とても 申しわけなく思う

大丈夫です。（重大なことではない）

ブー　ヤオジン
Bú　yàojǐn
不 要紧。
ない　緊急を要する

不 要紧。

大丈夫です。（障害にならない）

メイ　ウェンティ
Méi　wèntí
没 问题。
ない　問題が

没 问题。

何でもありません。

メイ　グワンシ
Méi　guānxi
没 关系。
ない　関係が

没 关系。

何でもありません。（たいしたことない）

メイ　シェンマ
Méi　shénme
没 什么。
ない　何も

没 什么。

ご安心ください。

チン　ファンシン
Qǐng　fàngxīn
请 放心。
どうぞ　安心する

请 放心。

書きとり練習

音声を聴いて、中国語で書いてみましょう。

音声
35

①ごめんなさい。　　　　　②何でもありません。

_____　　_____

答え　①对不起。　　②没关系。

お尋ねします

お尋ねします。

チン　ウェン
Qǐng　wèn
请 问。
お願いする　聞く

请问。

ちょっとお尋ねします。

ウォ　ウェン　イーシア
Wǒ　wèn　yíxià
我 问 一下。
私は　聞く　ちょっと

我问一下。

すみません。（用事を頼むとき）

ラオジア
Láojià
劳驾。
おそれいる

劳驾。

もしもし。

ウェイ
Wéi
喂！
もしもし

喂！

書きとり練習

音声を聴いて、中国語で書いてみましょう。

音声37

①もしもし。　　　　　　　②お尋ねします。

_____　　_____

答え ①喂！　②请问。

78

第**4**章

基本フレーズ

日常的に使える簡単なフレーズを取り上げ、基本的に1課で1つずつ文法を覚えていきます。単語を並べ替えて正しい文を作る「おさらい」コーナーと、実践的な会話練習ができる「ミニ会話」で、その課で取り上げた文法事項を詳しく学習できます。

ウォ	シー	リーベンレン
Wǒ	shì	Rìběnrén

我 是 日本人。

| 私は | です | 日本人 |

「AはBである」は「A 是 B」で表します。「是（〜です）」は英語の be 動詞のように用いられる動詞です。主語が何人称でも、また時制に かかわらず「是」の形で用いられますから、むしろ英語よりわかりや すいでしょう。人を主語にして言えば、職業・国籍・身分・名前など を伝えることができます。

私は内川玲子です。

ウォ	シー	ネイチュワン	リンズ
Wǒ	shì	Nèichuān	Língzǐ
我	是	内川	玲子。
私は	です	内川	玲子

私たちは中国人です。

ウォメン	シー	ジョングオレン
Wǒmen	shì	Zhōngguórén
我们	是	中国人。
私たちは	です	中国人

3年前彼は学生でした。

サンニエンチエン	ター	シー	シュエション
Sānniánqián	tā	shì	xuésheng
三年前	他	是	学生。
三年前	彼は	です	学生

1 彼は周建華さんです。　＊〜さん(男)＝先生

ジョウ ジエンホワ　　シー　　　ター　　シエンション
Zhōu　Jiànhuá　　shì　　　tā　　　xiānsheng
（ 周 建华　　是　　他　　先生 ）。

2 私の姉は教師です。　＊教師＝老師

ジエジエ　　　ウォ　　　ラオシー　　シー
jiějiě　　　wǒ　　　lǎoshī　　shì
（ 姐姐　　我　　老师　　是 ）。

3 私たちは会社員です。　＊会社員＝公司職員

シー　　　ウォメン　　　ゴンスージーユエン
shì　　　wǒmen　　　gōngsīzhíyuán
（ 是　　我们　　公司职员 ）。

答え **1** 他是周建华先生。 **2** 我姐姐是老师。 **3** 我们是公司职员。

ミニ会話

（　　）にあてはまる中国語を話しましょう。 🔊39

周さん：　你好！（こんにちは。）

あなた：（① こんにちは。私は内川玲子です。）

周さん：　我是周建华。欢迎欢迎。

　　　　　（私は周建華です。よくいらっしゃいました。）

あなた：（② ありがとうございます。どうぞよろしく。）

答え ① 你好！ 我是内川玲子。　　② 谢谢。请多关照。

第**4**章 基本フレーズ

どうぞおかけください。

チン　　　ズオ
Qǐng　zuò

请 坐。

どうぞ　すわる

「**请**＋動詞」で、「どうぞ〜してください」を表します。「**请**」は英語の「please」と同様に用いられ、動詞の部分を替えることで、いろいろなことを人に勧めたり頼んだりする言い方ができます。また、「（特に）あなたに頼みたい」場合には、「**请**」の後に「**你**（あなた）」を加え、「私に〜してください」と言う場合には、「**请给我**」を使います。

どうぞお入りください。

チン　　ジン
Qǐng　jìn

请 进。

どうぞ　入る

少々お待ちください。

チン　シャオ　ドン
Qǐng　shāo　děng

请 稍 等。

どうぞ　少し　待つ

ちょっと見せてください。

チン　ゲイ　ウォ　カン　イーシア
Qǐng　gěi　wǒ　kàn　yíxià

请 给 我 看 一下。

どうぞ　に　私　見る　ちょっと

おさらい ～単語を正しく並べてみましょう～

1 少しお待ちください。

チン	イーシア	ドン	ニー
qǐng	yíxià	děng	nǐ
请	一下	等	你

（ 请　一下　等　你 ）。

2 どうぞお茶をお召し上がりください。 ＊飲む＝喝

フー	チャー	チン
hē	chá	qǐng
喝	茶	请

（ 喝　茶　请 ）。

3 私に電話をしてください。 ＊（電話を）かける＝打

ゲイ	ディエンホワ	チン	ダー	ウォ
gěi	diànhuà	qǐng	dǎ	wǒ
给	电话	请	打	我

（ 给　电话　请　打　我 ）。

答え **1** 请你等一下。 **2** 请喝茶。 **3** 请给我打电话。

ミニ会話

（　）にあてはまる中国語を話しましょう。 音声41

周さん：**你好！**（こんにちは。）

あなた：（① こんにちは。どうぞおかけください。）

周さん：**谢谢。**（ありがとうございます。）

あなた：（② どうぞお茶をお召し上がりください。）

答え ① 你好！ 请坐。　 ② 请喝茶。

ウォ マイ ドンシ
Wǒ mǎi dōngxi

我 买 东西。

私は 買う ものを

「〜は○を●します」は「主語＋動詞＋目的語」で表します。つまり、英語の「SVO」と同じ語順です。ただ、英語と違って人称や時制による動詞の変化はありませんので、より覚えやすいでしょう。
動詞と名詞の語彙を増やせばいろいろな場面に対応できるので、基本文型を押さえてしまえば一気に表現力がふくらんでゆくでしょう。

私は学習します。

ウォ シュエシー
Wǒ xuéxí
我 学习。
私は 学習する

あなたは本を読みます。

ニー カン シュー
Nǐ kàn shū
你 看 书。
あなたは 読む 本を

明日彼は中国に行きます。

ミンティエン ター チュー ジョングオ
Míngtiān tā qù Zhōngguó
明天 他 去 中国。
明日 彼は 行く 中国に

84

おさらい 〜単語を正しく並べてみましょう〜

1 私は辞書を持っています。 ＊持っている＝有 辞書＝词典

(有 我 词典)。

ヨウ ウォ ツーディエン
yǒu wǒ cídiǎn

2 彼らはパンを買います。 ＊買う＝买 パン＝面包

(他们 面包 买)。

ターメン ミエンバオ マイ
tāmen miànbāo mǎi

3 私たちは中国語を勉強します。 ＊中国語＝汉语

(汉语 学习 我们)。

ハンユー シュエシー ウォメン
Hànyǔ xuéxí wǒmen

答え **1** 我有词典。 **2** 他们买面包。 **3** 我们学习汉语。

ミニ会話

( ) にあてはまる中国語を話しましょう。

音声 43

周さん： **你有词典吗？**

（あなたは辞書を持っていますか？）

あなた： （① 持っています。）

周さん： **我没有词典。**

（私は辞書を持っていません。）

答え ① 我有词典。

ウォ　　　　ヘン　　　　ガオシン
Wǒ　　　　hěn　　　　gāoxìng

我　很　高兴。

私は　　　とても　　　嬉しい

感情や様子は、「主語＋形容詞」で表します。これを、形容詞述語文と言い、この場合、英語の be 動詞にあたる「是」は用いません。

平叙文では形容詞の前に副詞「很」をともなうことが多いのですが、この場合、本来の「とても」という意味は薄れ、語調を整えるくらいの使い方になります。

中国語はやさしいです。

ハンユー　　ロンイ
Hànyǔ　　róngyì

汉语 容易。

中国語は　　やさしい

中国は大きく、
日本は小さいです。

ジョングオ　ダー　　リーベン　シアオ
Zhōngguó　dà　　Rìběn　　xiǎo

中国 大, 日本 小。

中国は　大きい　日本は　小さい

今日彼は忙しいです。

ジンティエン　ター　　ヘン　　マン
Jīntiān　　tā　　hěn　　máng

今天 他 很 忙。

今日　　彼は　とても　忙しい

おさらい　～単語を正しく並べてみましょう～

1 日本の服は（値段が）高いです。 ＊（値段が）高い＝貴

(衣服　日本　貴　很)。
イーフ　　リーベン　　グイ　　ヘン
yīfu　　　Rìběn　　　guì　　hěn

---

2 中国料理はおいしいです。 ＊料理＝菜　おいしい＝好吃

(好吃　中国菜　很)。
ハオチー　　ジョングオツァイ　　ヘン
hǎochī　　　Zhōngguócài　　　hěn

---

3 彼女は美しいです。 ＊美しい、きれいだ＝漂亮

(很　她　漂亮)。
ヘン　　ター　　ピアオリアン
hěn　　tā　　piàoliang

答え **1** 日本衣服很贵。 **2** 中国菜很好吃。 **3** 她很漂亮。

ミニ会話

（　　）にあてはまる中国語を話しましょう。 音声 **45**

周さん： **你的鞋很漂亮！**（あなたの靴は素敵ですね。）

あなた：（① ありがとう、嬉しいわ。）

周さん： **明天我们一起去买衣服，怎么样？**

　　　　（明日一緒に服を買いに行きませんか？）

あなた：（② 明日私は忙しいです。）

答え ① 谢谢，我很高兴。 ② 明天我很忙。

私は学生ではありません。

ウォ　　　　　ブーシー　　　　シュエション
Wǒ　　　　　búshì　　　　　xuésheng

我　不是　学生。

私は　　　　ではない　　　　学生

ここからは動詞の否定形です。まず「～でない」という「是」の否定形から見てみましょう。動詞の前に「不」をつけ、「不是」とします。「是」と同様に、否定形の「不是」も単数・複数・人称を問わず使えます。また、この「不」は標準の発音では「bù」ですが、後ろに第四声の文字が来た場合は「bú」と第二声に変化します（P31 参照）。

私たちは中国人ではありません。

ウォメン　　ブーシー　　ジョングオレン
Wǒmen　　búshì　　Zhōngguórén

我们 不是 中国人。

私たちは　でない　　中国人

彼らはみな学生ではありません。

ターメン　ドウ　　ブーシー　シュエション
Tāmen　　dōu　　búshì　　xuésheng

他们 都 不是 学生。

彼らは　みな　ではない　学生

これは新聞ではなく、本です。

ジョー　ブーシー　バオ　シー　シュー
Zhè　　búshì　　bào　shì　shū

这 不是 报, 是 书。

これは　ではない　新聞　である　本

おさらい ～単語を正しく並べてみましょう～

1 彼は教師ではありません。 ＊教師＝老师

ター ラオシー ブーシー
tā lǎoshī búshì

(他　老师　不是)。

2 彼女も教師ではありません。 ＊～も＝也

ブーシー ター ラオシー イエ
búshì tā lǎoshī yě

(不是　她　老师　也)。

3 それは私の財布ではありません。 ＊財布＝钱包

ブーシー ナー チエンバオ ダ ウォ
búshì nà qiánbāo de wǒ

(不是　那　钱包　的　我)。

答え **1** 他不是老师。 **2** 她也不是老师。 **3** 那不是我的钱包。

ミニ会話

（　）にあてはまる中国語を話しましょう。 音声47

周さん： 这是你的书吗？
（これはあなたの本ですか？）

あなた：（① それは私の本ではありません。）

周さん： 这是谁的？ （これは誰のですか？）

あなた：（② それは李さんのです。） ＊～さん（男）＝先生（xiānsheng）シエンション

答え ① 那不是我的书。 ② 那是李先生的。

89

ウォ　　　ブー　　　マン
Wǒ　　　bù　　　máng

我 不 忙。

私は　　　ない　　　忙しく

形容詞述語文の否定形は「主語＋不＋形容詞」で表します。P86で学習したとおり、形容詞述語文には「是」を用いないので、直接、形容詞を否定します。

中国の本は高くありません。

ジョングオ　シュー　ブー　グイ
Zhōngguó　shū　bú　guì

中国 书 不 贵。

中国の　本は　ない　高い

今日私はあまり体調が
よくないです。

ジンティエン　ウォ　ブー　タイ　シューフ
Jīntiān　wǒ　bù　tài　shūfu

今天 我 不 太 舒服。

今日　私は　ない　あまり　体調がいい

＊「あまり～ない」と部分否定する場合には
「不太～」を用います。

私たちの学校は小さく、
学生は多くないです。

ウォメン　シュエシアオ　ヘン　シアオ
Wǒmen　xuéxiào　hěn　xiǎo

我们 学校 很 小 ，

私たちの　学校は　とても　小さい

シュエション　ブー　ドゥオ
xuésheng　bù　duō

学生 不 多。

学生は　ない　多い

おさらい ～単語を正しく並べてみましょう～

1 今日は天気があまりよくありません。

ティエンチー ブー ジンティエン ハオ タイ
tiānqì bù jīntiān hǎo tài
(天气 不 今天 好 太)。

2 今日私はあまり忙しくありません。

タイ ウォ ブー ジンティエン マン
tài wǒ bù jīntiān máng
(太 我 不 今天 忙)。

3 日本の服は安くないです。 *安い＝便宜

イーフ ブー リーベン ピエンイ
yīfu bù Rìběn piányi
(衣服 不 日本 便宜)。

答え **1** 今天天气不太好。 **2** 今天我不太忙。 **3** 日本衣服不便宜。

ミニ会話

（ ）にあてはまる中国語を話しましょう。

周さん：**上海的夏天真热！**（上海の夏は本当に暑いですね！）

あなた：（① 今日はあまり暑くないですよ。）

周さん：**明天天气怎么样？**（明日の天気はどうでしょうか？）

あなた：（② 明日は天気がよくないでしょう。）

＊よくないことを予想する＝**恐怕** (kǒngpà)
コンパー

答え ① 今天不太热。 ② 明天天气恐怕不好。

私は旅行に行きません。 音声 50

ウォ	ブー	チュー	リューシン
Wǒ	bú	qù	lǚxíng
我	不	去	旅行。
私は	ない	行く	旅行に

一般の動詞を使った動詞述語文の否定形は、「主語＋不（ブー）＋動詞（＋目的語）」となります。ただし、「ある、いる」を表す動詞「有（ヨウ）」の否定形は「不有（ブーヨウ）」ではなく「没有（メイヨウ）」になります。

今日彼は来ません。

ジンティエン	ター	ブー	ライ
Jīntiān	tā	bù	lái
今天	他	不	来。
今日	彼は	ない	来る

夜私はテレビを見ません。

ワンシャン	ウォ	ブー	カン	ディエンシー
Wǎnshang	wǒ	bú	kàn	diànshì
晩上	我	不	看	电视。
夜	私は	ない	見る	テレビを

私は時間がありません。

ウォ	メイ	ヨウ	シージエン
Wǒ	méi	yǒu	shíjiān
我	没	有	时间。
私	ない	持つ	時間

おさらい　**〜単語を正しく並べてみましょう〜**

1 明日彼女は来ません。

ライ	ミンティエン	ブー	ター
lái	míngtiān	bù	tā

（ 来　明天　不　她 ）。

2 私には中国の友だちがいません。　＊友だち＝朋友

ポンヨウ	ウォ	ヨウ	メイ	ジョングオ
péngyou	wǒ	yǒu	méi	Zhōngguó

（ 朋友　我　有　没　中国 ）。

3 私は朝ご飯を食べません。　＊朝ご飯＝早饭

チー	ウォ	ブー	ザオファン
chī	wǒ	bù	zǎofàn

（ 吃　我　不　早饭 ）。

答え **1** 明天她不来。　**2** 我没有中国朋友。　**3** 我不吃早饭。

ミニ会話

（　　）にあてはまる中国語を話しましょう。

音声 **51**

周さん：**我们一起去看电影吧。**

　　　　（私たち、一緒に映画を観に行きましょう。）

あなた：（① すみません、今日は時間がありません。）

周さん：**那，下星期去看吧。**

　　　　（では、来週観に行きましょう。）

答え ① 对不起，今天我没有时间。

ニー	フー	チャー	マ
Nǐ	hē	chá	ma
你	**喝**	**茶**	**吗？**
あなたは	飲む	お茶を	か

平叙文の語尾に「吗」をつけるだけで疑問文にすることができます。英語のような語順の入れ替えはありません。主語が複数でも何人称の場合でも、また、どんな動詞、形容詞が述語になる場合でもこの方法で疑問文にすることができます。疑問文のいちばん簡単な作り方なので、まずこの方法を覚えてしまいましょう。

彼は中国語を話しますか？

ター	シュオ	ハンユー	マ
Tā	shuō	Hànyǔ	ma
他	**说**	**汉语**	**吗？**
彼は	話す	中国語を	か

あなたはお金を
持っていますか？

ニー	ヨウ	チエン	マ
Nǐ	yǒu	qián	ma
你	**有**	**钱**	**吗？**
あなた	持つ	お金	か

今日は天気がいいですか？

ジンティエン	ティエンチー	ハオ	マ
Jīntiān	tiānqì	hǎo	ma
今天	**天气**	**好**	**吗？**
今日	天気が	よい	か

おさらい ～単語を正しく並べてみましょう～

1 あなたたちは日本人ですか？

（
リーベンレン　　　マ　　　シー　　ニーメン
Rìběnrén　　　ma　　shì　　nǐmen

日本人　　吗　　是　　你们
）？

2 明日彼は時間がありますか？

（
ヨウ　　シージエン　　ター　　マ　　ミンティエン
yǒu　　shíjiān　　tā　　ma　　míngtiān

有　　时间　　他　　吗　　明天
）？

3 今日あなたは忙しいですか？

（
マン　　ジンティエン　　ニー　　マ
máng　　jīntiān　　nǐ　　ma

忙　　今天　　你　　吗
）？

答え **1** 你们是日本人吗？ **2** 明天他有时间吗？ **3** 今天你忙吗？

ミニ会話

（　　）にあてはまる中国語を話しましょう。

音声 53

周さん：我喜欢咖啡。（私はコーヒーが好きです。）

あなた：（① 紅茶は好きですか？） ＊紅茶＝红茶 (hóngchá)
ホンチャー

周さん：不，我不喜欢红茶。

（いいえ、私は紅茶は好きではありません。）

答え ① 你喜欢红茶吗？

ニー　シー　ブシー　ジョングオレン
Nǐ　shì　bushì　Zhōngguórén

你 是 不是 中国人?

あなたは である　でない　　　中国人

「是」を使った動詞部分を、「是（肯定形）＋不是（否定形）」としても
疑問文が作れます。これを反復疑問文と呼びます。どんな動詞でもこ
のような形にすることが可能です。意味は「吗」を使った疑問文と同
じですが、確かめる気持ちが若干強いニュアンスになります。

あなたは先生ですか？

ニー　シー　ブシー　ラオシー
Nǐ　shì　bushì　lǎoshī

你 是 不是 老师?
あなた である　でない　先生

＊「不」の部分は軽声で発音します。

彼は辞書を買いますか？

ター　マイ　ブマイ　ツーディエン
Tā　mǎi　bumǎi　cídiǎn

他 买 不买 词典?
彼は　買う　買わない　辞書を

あなたは
読書が好きですか？

ニー　シーホワン　ブシーホワン　カンシュー
Nǐ　xǐhuan　buxǐhuan　kàn shū

你 喜欢 不喜欢 看书?
あなたは　好む　好まない　読む 本を

おさらい ～単語を正しく並べてみましょう～

1 あなたのお兄さんは会社員ですか？ ＊会社員＝公司職員

ブシー	ゴンスージーユエン	シー	ニー	グーグ
bushì	gōngsīzhíyuán	shì	nǐ	gēge

（ 不是　公司职员　是　你　哥哥 ）？

2 あなたは旅行に行きますか？

リューシン	ブチュー	チュー	ニー
lǚxíng	buqù	qù	nǐ

（ 旅行　不去　去　你 ）？

3 彼女はお酒を飲みますか？ ＊飲む＝喝

ジウ	フー	ター	ブフー
jiǔ	hē	tā	buhē

（ 酒　喝　她　不喝 ）？

答え **1** 你哥哥是不是公司职员？ **2** 你去不去旅行？ **3** 她喝不喝酒？

ミニ会話

（　　）にあてはまる中国語を話しましょう。 音声 55

周さん： **我是学生。**（私は学生です。）

あなた：（① あなたのお兄さんは学生ですか？）

周さん： **他不是学生，是公司职员。**

（彼は学生ではありません。会社員です。）

答え ① 你哥哥是不是学生？

ヨウ	メイ	ヨウ	ウーロンチャー
Yǒu	méi	yǒu	wūlóngchá
有	**没**	**有**	**乌龙茶？**
ある	ない		ウーロン茶は

P96 で、「是」を使った反復疑問文を学習しましたが、「有」を使っても反復疑問文は作れます。その他、述語が形容詞の場合でも反復疑問文を作ることができます。表題の文は、人が所有しているのではなく、お店などで取り扱っているかどうかを尋ねているので、このような場合は主語を省略することも可能です。

あなたの家にはパソコンがありますか？

ニー	ジア	ヨウ	メイヨウ	ディエンナオ
Nǐ	jiā	yǒu	méiyǒu	diànnǎo
你	**家**	**有**	**没有**	**电脑？**
あなたの	家には	ある	ない	パソコンは

この近くには図書館がありますか？

ジョール	フージン	ヨウ	メイヨウ	トゥーシューグワン
Zhèr	fùjìn	yǒu	méiyǒu	túshūguǎn
这儿	**附近**	**有**	**没有**	**图书馆？**
ここ	近く	ある	ない	図書館は

この料理は辛いですか？

ジョーグ	ツァイ	ラー	ブラー
Zhège	cài	là	bùlà
这个	**菜**	**辣**	**不辣？**
この	料理は	辛い	辛くない

おさらい　〜単語を正しく並べてみましょう〜

1 今あなたはお金を持っていますか？

(你　钱　有　现在　没有)？
（ニー　チエン　ヨウ　シエンザイ　メイヨウ）
（nǐ　qián　yǒu　xiànzài　méiyǒu）

2 あなたは意見がありますか？

(意见　没有　你　有)？
（イージエン　メイヨウ　ニー　ヨウ）
（yìjiàn　méiyǒu　nǐ　yǒu）

3 今日は寒いですか？　＊今日＝今天　寒い＝冷

(冷　不冷　今天)？
（ロン　ブロン　ジンティエン）
（lěng　bulěng　jīntiān）

答え **1** 现在你有没有钱？　**2** 你有没有意见？　**3** 今天冷不冷？

ミニ会話

（　　）にあてはまる中国語を話しましょう。　音声**57**

周さん：　**我们去公园吧。**（公園に行きましょう。）

あなた：　（① 公園にはテニスコートはありますか？）
　　　　　＊(場所)〜の中＝**里** (li)　テニスコート＝**网球场** (wǎngqiúchǎng)
　　　　　　　　　　　　　　　　　　　　　　　　　　　　リー　　　　　　　　　ワンチウチャン

周さん：　**有网球场。**（あります。）

答え　① 公园里有没有网球场？

ジョー　　シー　　シェンマ
Zhè　　shì　　shénme

这 是 什么?

これは　　です　　何

「何」「いつ」「どこ」などと尋ねる場合には疑問詞を使って疑問文を作ります。この場合は文末に「吗」をつけるなどせずに、尋ねたいものの部分に疑問詞をあてはめるだけで疑問文が作れます。
ここでは、「何」「何の」を尋ねる疑問詞「什么」をまず学びます。

あれは何ですか？

ナー　　シー　　シェンマ
Nà　　shì　　shénme

那 是 什么?

あれは　　です　　何

あなたは何を食べますか？

ニー　　チー　　シェンマ
Nǐ　　chī　　shénme

你 吃 什么?

あなたは　食べる　何を

あなたは何の映画が
好きですか？

ニー　シーホワン　シェンマ　ディエンイン
Nǐ　xǐhuan　shénme　diànyǐng

你 喜欢 什么 电影?

あなたは　好む　何の　映画を

100

1 あなたの趣味は何ですか？　＊趣味＝爱好

アイハオ	ニー	シー	シェンマ	ダ
àihào	nǐ	shì	shénme	de

(**爱好　你　是　什么　的**)？

---

2 あなたは何の本を読みますか？　＊読む＝看

カン	ニー	シュー	シェンマ
kàn	nǐ	shū	shénme

(**看　你　书　什么**)？

---

3 あなたは何という（どんな）名前ですか？＊名前＝名字

シェンマ	ジアオ	ニー	ミンズ
shénme	jiào	nǐ	míngzi

(**什么　叫　你　名字**)？

答え **1** 你的爱好是什么？　**2** 你看什么书？　**3** 你叫什么名字？

第 **4** 章　基本フレーズ

ミニ会話

（　　）にあてはまる中国語を話しましょう。　音声 **59**

周さん：**今天我们吃中国菜吧。**
　　　　（今日は中華料理を食べましょう。）

あなた：（① **あなたは何を食べますか？**）

周さん：**我吃炒面。**（私は焼きソバを食べます。）

答え ① 你吃什么？

音声
60

ター　　シー　　シェイ
Tā　　shì　　shéi

他 是 谁？

彼は　　です　　誰

「誰」を尋ねる場合には、疑問詞「谁^{シェイ}」を使います。この場合も、「什么^{シェンマ}」と同様、尋ねたい部分に「谁^{シェイ}」をあてはめます。また、「誰」「誰が」「誰の」のように主語（動作主）や目的語として、さまざまな用いられ方をします。

あの人は誰ですか？

ナーグ　レン　シー　シェイ
Nàge　rén　shì　shéi

那个 人 是 谁？

あの　人は　です　誰

明日誰が私の家に
来ますか？

ミンティエン シェイ ライ　ウォジア
Míngtiān　shéi　lái　wǒjiā

明天 谁 来 我家？

明日　誰が　来る　私の家に

これは誰の財布ですか？

ジョー　シー　シェイダ　チエンバオ
Zhè　shì　shéide　qiánbāo

这 是 谁的 钱包？

これは　です　誰の　財布

1 これは誰の本ですか？

ダ	ジョー	シェイ	シー	シュー
de	zhè	shéi	shì	shū
的	这	谁	是	书

）？

2 どなたにご用ですか（誰を探していますか）？ ＊探す＝找

ジャオ	シェイ	ニー
zhǎo	shéi	nǐ
找	谁	你

）？

3 誰が劉明さんですか？　　＊～さん（男）＝先生

リウミン	シー	シエンション	シェイ
Liú Míng	shì	xiānsheng	shéi
刘明	是	先生	谁

）？

答え 1 这是谁的书？ 2 你找谁？ 3 谁是刘明先生？

ミニ会話

（　）にあてはまる中国語を話しましょう。 音声61

周さん：**明天有欢迎会。**（明日歓迎会があります。）

あなた：（① 誰が歓迎会に来ますか？）

周さん：**我的三个朋友来。**

　　　　（私の3人の友だちが来ます。）

答え ① 谁来欢迎会？

ドゥオシャオ チエン
Duōshao qián

多少 钱？

どれだけの お金

ここでは数を尋ねる疑問詞を学習します。10未満の数が予想されるときは「几」、それ以上の数が予想されるときは「多少」を用いて尋ねます。「几」の場合は「几本书」のように、「几＋量詞＊＋名詞」の形となりますが、「多少」の場合は「多少书」のように量詞をともなわないこともあります。＊量詞については、P64を参照。

ご家族は何人ですか？

ニージア ヨウ ジーコウ レン
Nǐjiā yǒu jǐkǒu rén

你家 有 几口 人？

あなたの家は 持っている 何人の 人を

あなたの会社は何階にありますか？

ニーメン ゴンスー ザイ ジーロウ
Nǐmen gōngsī zài jǐlóu

你们 公司 在 几楼？

あなたたちの 会社は ある 何階に

あなたたちの大学にはどのくらいの学生がいますか？

ニーメン ダーシュエ ヨウ ドゥオシャオシュエション
Nǐmen dàxué yǒu duōshao xuésheng

你们 大学 有 多少 学生？

あなたたちの 大学は 持っている どのくらいの 学生を

1 あなたはいくら持っていますか？

チエン	ニー	ドゥオシャオ	ヨウ
qián	nǐ	duōshao	yǒu

（ 钱　你　多少　有 ）？

2 あなたは何冊の本を持っていますか？＊～冊＝本

シュー	ベン	ヨウ	ニー	ジー
shū	běn	yǒu	nǐ	jǐ

（ 书　本　有　你　几 ）？

3 あなたの電話番号は何番ですか？＊電話番号＝电话号码

ハオマー	ニー	ドゥオシャオ	ディエンホワ	ダ	シー
hàomǎ	nǐ	duōshao	diànhuà	de	shì

（ 号码　你　多少　电话　的　是 ）？

答え **1** 你有多少钱？ **2** 你有几本书？ **3** 你的电话号码是多少？

ミニ会話

（　）にあてはまる中国語を話しましょう。

音声 **63**

周さん： 欢迎光临！（いらっしゃいませ。）

あなた：（① このタバコはいくらですか？）

＊タバコ＝烟 (yān)　箱＝盒 (hé)

周さん： 十块。你要几盒？（十元です。いくつほしいですか？）

あなた：（② 私は2個ほしいです。）

答え ① 这盒烟多少钱？　② 我要两盒。

トイレはどこですか？

ツースオ
Cèsuǒ
厝所
トイレは

ザイ
zài
在
ある

ナール
nǎr
哪儿?
どこに

「A が B にある・いる」は、「A 在 B（場所）」で表します。場所を表す部分には名詞が入ります。場所を示す代名詞もあわせて覚えておきましょう。

ここ	そこ・あそこ	どこ
这儿／这里 zhèr　zhèli	那儿／那里 nàr　nàli	哪儿／哪里 nǎr　nǎli

あなたの家はどこですか？

ニージア
Nǐjiā
你家
あなたの家は

ザイ
zài
在
ある

ナール
nǎr
哪儿?
どこに

私の家は東京にあります。

ウォジア
Wǒjiā
我家
私の家は

ザイ
zài
在
ある

ドンジン
Dōngjīng
东京。
東京に

午後彼はどこにいますか？

シアウー
Xiàwǔ
下午
午後

ター
tā
他
彼は

ザイ
zài
在
いる

ナール
nǎr
哪儿?
どこに

おさらい ～単語を正しく並べてみましょう～

1 あなたたちの会社はどこにありますか？ ＊会社＝公司

ザイ	ニーメン	ナール	ゴンスー
zài	nǐmen	nǎr	gōngsī
在	你们	哪儿	公司

?

2 明日あなたは家にいますか？

ジア	ミンティエン	ザイ	ニー	マ
jiā	míngtiān	zài	nǐ	ma
家	明天	在	你	吗

?

3 私の席はここです。 ＊席＝位子

ダ	ジョール	ウォ	ザイ	ウェイズ
de	zhèr	wǒ	zài	wèizi
的	这儿	我	在	位子

。

答え 1 你们公司在哪儿？ **2** 明天你在家吗？ **3** 我的位子在这儿。

ミニ会話

（ ）にあてはまる中国語を話しましょう。

音声 65

周さん：**你有什么事吗？**（何かご用ですか？）

あなた：（① 両替所はどこですか？） ＊両替所＝**兑换处** ドゥイホワンチュー (duìhuànchù)

周さん：**在服务台的旁边。**（フロントの隣です。）

あなた：（② わかりました、ありがとう。）

＊わかった＝**知道了** ジーダオ ラ (zhīdao le)

答え ① 兑换处在哪儿？ ② 知道了，谢谢。

食べたいです。

ウォ　　　　　シアン（ヤオ）　　　チー
Wǒ　　　　　xiǎng(yào)　　　chī

我　想（要）吃。

私は　　　　　したい　　　　　食べる

「～したい」と希望を表す場合、助動詞の「想^{シアン}」または「要^{ヤオ}」を動詞の前に置きます。助動詞が動詞の前にきて意味を添えるという点は、英語と同じです。
また、「要^{ヤオ}」は希望のほかに、「～しなければならない」という意味もあります（P112参照）。

私は中国料理が
食べたいです。

ウォ　　シアン　チー　　ジョングオツァイ
Wǒ　　xiǎng　chī　　Zhōngguócài
我　想　吃　中国菜。
私は　　したい　食べる　中国料理を

あなたは中国に行きたい
ですか？

ニー　　シアン　チュー　ジョングオ　マ
Nǐ　　xiǎng　qù　　Zhōngguó　ma
你　想　去　中国　吗？
あなたは　したい　行く　中国に　　か

あなたはどこに行きたい
ですか？

ニー　　シアン　チュー　ナール
Nǐ　　xiǎng　qù　　nǎr
你　想　去　哪儿？
あなたは　したい　行く　どこに

おさらい ～単語を正しく並べてみましょう～

1 私はあの商店に行きたいです。

チュー	シャンディエン	ウォ	シアン	ナーグ
qù	shāngdiàn	wǒ	xiǎng	nàge
去	商店	我	想	那个

（　去　商店　我　想　那个　）。

2 あなたは北京ダックが食べたいですか？

マ	ベイジンカオヤー	ヤオ	チー	ニー
ma	Běijīngkǎoyā	yào	chī	nǐ
吗	北京烤鸭	要	吃	你

（　吗　北京烤鸭　要　吃　你　）？

3 私は中国映画が観たいです。 ＊映画＝电影

ジョングオ	シアン	ウォ	ディエンイン	カン
Zhōngguó	xiǎng	wǒ	diànyǐng	kàn
中国	想	我	电影	看

（　中国　想　我　电影　看　）。

答え **1** 我想去那个商店。**2** 你要吃北京烤鸭吗？**3** 我想看中国电影。

ミニ会話

（　）にあてはまる中国語を話しましょう。　音声 67

周さん：**你想吃什么？**

　　　　（あなたは何を食べたいですか？）

あなた：（① 私はマーボー豆腐が食べたいです。）

　　　　＊マーボー豆腐＝麻婆豆腐 (mápódòufu) マーボードウフ

周さん：**那，我们吃麻婆豆腐吧。**（では、そうしましょう。）

答え ① 我想吃麻婆豆腐。

ウォ　　ブーシアン　　マイ　　ドンシ
Wǒ　　bùxiǎng　　mǎi　　dōngxi

我 不想 买 东西。

私は　　したくない　　買う　　物を

「〜したくない」という否定の希望の場合には、「不想」で表します。この場合、「不要」では表しませんので注意しましょう。「不要」は「〜してはいけない」という禁止の表現になります（P112参照）。
このような助動詞を使った文も反復疑問文にすることができ、その場合は助動詞の部分を「肯定＋否定」にします。

私はご飯が食べたくないです。

ウォ　ブーシアン　チー　ファン
Wǒ　bùxiǎng　chī　fàn

我 不想 吃 饭。

私は　したくない　食べる　ご飯を

私は日本に帰りたくないです。

ウォ　ブーシアン　ホイ　リーベン
Wǒ　bùxiǎng　huí　Rìběn

我 不想 回 日本。

私は　したくない　帰る　日本に

あなたは中国に行きたいですか？

ニー　シアン　ブシアン　チュージョングオ
Nǐ　xiǎng　buxiǎng　qù　Zhōngguó

你 想 不想 去 中国?

あなたは　したい　したくない　行く　中国に

おさらい　～単語を正しく並べてみましょう～

1 今日は私は行きたくないです。

ブー	ウォ	チュー	ジンティエン	シアン
bù	wǒ	qù	jīntiān	xiǎng

（**不　我　去　今天　想**）。

---

2 あなたはビールが飲みたいですか？ ＊ビール＝啤酒

シアン	フー	ニー	ブシアン	ピージウ
xiǎng	hē	nǐ	buxiǎng	píjiǔ

（**想　喝　你　不想　啤酒**）？

---

3 私はカラオケを歌いたくないです。 ＊歌う＝唱

カーラーオーケー	シアン	ウォ	ブー	チャン
kǎlā OK	xiǎng	wǒ	bù	chàng

（**卡拉OK　想　我　不　唱**）。

答え **1** 今天我不想去。 **2** 你想不想喝啤酒？ **3** 我不想唱卡拉OK。

ミニ会話

（　　）にあてはまる中国語を話しましょう。 **音声 69**

周さん：**今天我们去吃四川菜吧。**

　　　　（今日、四川料理を食べに行きましょう。）

あなた：（① ごめんなさい、私は辛いものは食べたくないです。）

　　　　＊辛いもの＝**辣的东西** (là de dōngxi)

周さん：**那，去吃日本菜吧。**（では、日本料理を食べに行きましょう。）

答え ① 对不起，我不想吃辣的东西。

予約しなければなりません。

ウォ　　　ヤオ　　　　ユーディン
Wǒ　　　yào　　　yùdìng

我 要 预订。

私は　しなければならない　予約を

「要」には、「〜したい」（P108 参照）のほかに、「〜しなければならない」「〜する必要がある」の意味があります。助動詞としては、こちらの使われ方のほうが多いでしょう。否定形の「不要」は「〜してはいけない」と禁止の表現になります。
「〜する必要はない」という程度のときは「不用」を使います。

私はお金を払わなければ
いけませんか？

ウォ　　ヤオ　　フー　　チエン　　マ
Wǒ　　yào　　fù　　qián　　ma

我 要 付 钱 吗?

私は　しなければならない　払う　お金を　か

子どもは麻雀をしては
いけません。

シアオハイズ　　ブーヤオ　　ダー　マージアン
Xiǎoháizi　　búyào　　dǎ　májiàng

小孩子 不要 打 麻将。

子どもは　してはいけない　する　麻雀を

あなたは会議に参加する
必要はありません。

ニー　　ブーヨン　　ツァンジア　　ホイイー
Nǐ　　búyòng　　cānjiā　　huìyì

你 不用 参加 会议。

あなたは　必要がない　参加する　会議に

1 私は航空券を予約しなければなりません。 ＊航空券＝机票

(ユーディン
yùdìng
预订　ヤオ
yào
要　ジーピアオ
jīpiào
机票　ウォ
wǒ
我)。

2 あなたはそんなことを言ってはいけません。 ＊そんな＝那样

(ホア
huà
话　ニー
nǐ
你　シュオ
shuō
说　ヤオ
yào
要　ナーヤン
nàyang
那样　ブー
bù
不　ダ
de
的)。

3 あなたはレポートを書く必要はありません。 ＊書く＝写 レポート＝报告

(ニー
nǐ
你　ヨン
yòng
用　バオガオ
bàogào
报告　シエ
xiě
写　ブー
bù
不)。

答え **1** 我要预订机票。**2** 你不要说那样的话。**3** 你不用写报告。

ミニ会話

（　）にあてはまる中国語を話しましょう。

周さん： 今天我去买鞋。（今日、私は靴を買いに行きます。）

あなた：（① ちょうどいい、私も服を買わなければならないんです。）

＊ちょうどいい＝正巧 (ジョンチアオ zhèngqiǎo) 服＝衣服 (イーフ yīfu)

周さん： 那 , 我们一起去吧。（じゃあ、一緒に行きましょう。）

答え ① 正巧 , 我也要买衣服。

音声 72

ジョール　クーイー　チョウ　イエン　マ
Zhèr　kěyǐ　chōu　yān　ma

这儿可以抽烟吗?

ここは　　　できる　　吸う　タバコを　か

「～できる」「～することが許される」などの可能を表すには、「可以」という助動詞を動詞の前に置きます。「可以」は「～してもいいですか？」と許可を求める場合にも使われます。

また、能力的に「～できる」という場合にも使えますが、その場合は「能」のほうがよく使われます。

この車には5人乗れます。

ジョーリアン　チョー　クーイー　ズオ　ウーグレン
Zhèliàng　chē　kěyǐ　zuò　wǔgerén

这辆车可以坐五个人。

この　車は　できる　乗る　5人

冬にはスキーができます。

ドンティエン　クーイー　ホワシュエ
Dōngtiān　kěyǐ　huáxuě

冬天可以滑雪。

冬は　　できる　スキーをする

私も参加していいですか？

ウォ　イエ　クーイー　ツァンジア　マ
Wǒ　yě　kěyǐ　cānjiā　ma

我也可以参加吗?

私　も　できる　参加　か

114

おさらい ～単語を正しく並べてみましょう～

1 窓を開けてもいいですか？ ＊窓＝窗

<table>
<tr><td>マ
ma</td><td>チュワン
chuāng</td><td>カイ
kāi</td><td>クーイー
kěyǐ</td></tr>
<tr><td>（吗</td><td>窗</td><td>开</td><td>可以 ）？</td></tr>
</table>

2 明日あなたは行けますか？

<table>
<tr><td>マ
ma</td><td>ミンティエン
míngtiān</td><td>チュー
qù</td><td>ニー
nǐ</td><td>クーイー
kěyǐ</td></tr>
<tr><td>（吗</td><td>明天</td><td>去</td><td>你</td><td>可以 ）？</td></tr>
</table>

3 明日9時には行けます。

<table>
<tr><td>ウォ
wǒ</td><td>ミンティエン
míngtiān</td><td>クーイー
kěyǐ</td><td>ジウディエン
jiǔdiǎn</td><td>チュー
qù</td></tr>
<tr><td>（我</td><td>明天</td><td>可以</td><td>九点</td><td>去 ）。</td></tr>
</table>

答え **1** 可以开窗吗？ **2** 明天你可以去吗？ **3** 明天九点我可以去。

ミニ会話

（ ）にあてはまる中国語を話しましょう。　音声73

周さん：**明天有比赛。**（明日、試合があります。）

あなた：（① 私も参加してもいいですか？）

周さん：**你九点来，就可以参加。**（9時に来れば、参加できます。）

あなた：（② 大丈夫です、行けます。）

＊大丈夫＝**没问题** (méi wèntí)

答え ① 我也可以参加吗？　② 没问题，我可以去。

遅れてはいけません。

ニー　　　　　ブークーイー　　　　チーダオ
Nǐ　　　　　　bùkěyǐ　　　　　chídào

你 不可以 迟到。

あなたは　　　　いけない　　　　　遅れる

「可以」の否定形「不可以」は、「〜してはいけない」と禁止を表します。
これは、「不要」と同じ使われ方です（P112参照）。また、「〜できな
い」と不可能を表す場合には、「不能」を用います。
「可以」を使った疑問文も、P110と同じように、「肯定＋否定」の形
で反復疑問文を作ることができます。

ここでタバコを吸っては
いけません。

ジョール　ブークーイー　チョウ　イエン
Zhèr　　bùkěyǐ　　　chōu　yān
这儿 不可以 抽 烟。
ここで　　いけない　　吸う　タバコ

私は明日の会議に
参加できません。

ウォ　ブーノン　ツァンジア　ミンティエンダ　ホイイー
Wǒ　bùnéng　cānjiā　　míngtiānde　huìyì
我 不能 参加 明天的 会议。
私は　できない　参加する　明日の　　会議に

この道を通っても
いいですか？

ジョーティアオ　ルー　クーイー　　ブークーイー　ゾウ
Zhètiáo　　　lù　　kěyǐ　　　bukěyǐ　　　zǒu
这条 路可以 不可以 走?
この　　道は　いい　　いけない　通る

116

おさらい　～単語を正しく並べてみましょう～

1 ここで携帯電話をかけてはいけません。＊携帯電話＝手机

ブー　　　ダー　　　ジョール　　　　クーイー　　　ショウジー
bù　　　dǎ　　　zhèr　　　kěyǐ　　　shǒujī
（ **不　打　这儿　可以　手机** ）。

2 明日彼は出かけられません。＊出かける＝出去

ミンティエン　　　クーイー　　　チューチュー　　　ブー　　　ター
míngtiān　　　kěyǐ　　　chūqù　　　bù　　　tā
（ **明天　可以　出去　不　他** ）。

3 あなたの辞書を借りてもいいですか？＊借りる＝借

ジエ　クーイー　ニー　ウォ　ブークーイー　ツーディエン　ダ
jiè　kěyǐ　nǐ　wǒ　bùkěyǐ　cídiǎn　de
（ **借　可以　你　我　不可以　词典　的** ）？

答え **1** 这儿不可以打手机。**2** 明天他不可以出去。**3** 我可以不可以借你的词典？

ミニ会話

（音声75）

（　　）にあてはまる中国語を話しましょう。

周さん：**这儿可以抽烟吗？**（ここでタバコは吸えますか？）

あなた：（① ここでは吸ってはいけません。）

周さん：**在哪儿可以抽？**（どこで吸えますか？）

あなた：（② あのロビーで吸えます。）

＊あのロビー＝**那个大厅** (nàge dàtīng)
　　　　　　　　ナーグ　ダーティン

答え ① 这儿不可以抽烟。　② 在那个大厅可以抽。

私は中国語が話せます。

ウォ　　　ホイ　　　シュオ　　　ハンユー
Wǒ　　　huì　　　shuō　　　hànyǔ

我 会 说 汉语。

私は　　できる　　話す　　　中国語を

マスター（習得）してできるようになったものについて「〜できる」
という場合には、助動詞「会」を動詞の前に置いて表します。
この場合の否定「〜できない（習得できていない）」は、「不会」を用
います。「会」を使った疑問文もP110と同じように、「肯定＋否定」
の形で反復疑問文を作ることができます。

私は中国の歌が歌えます。

ウォ　ホイ　チャン　ジョングオ　グー
Wǒ　huì　chàng　Zhōngguó　gē

我 会 唱 中国 歌。

私は　できる　歌う　　中国の歌

彼は中国語を話せますか？

ター　ホイ　シュオ　ハンユー　マ
Tā　huì　shuō　Hànyǔ　ma

他 会 说 汉语 吗？

彼は　できる　話す　中国語を　か

彼女は日本語が
話せません。

ター　　ブーホイ　シュオ　リーユー
Tā　　búhuì　shuō　Rìyǔ

她 不会 说 日语。

彼女は　できない　話す　日本語を

118

1 彼女は車の運転ができません。 ＊（車を）運転する＝开

(ホイ　　　カイ　　　ブー　　　チョー　　　ター
　huì　　　kāi　　　bù　　　chē　　　tā
　会　　开　　不　　车　　她)。

2 私は中国料理が作れません。 ＊作る＝做

(ズオ　　　ブー　　　ウォ　　　ホイ　　　ジョングオツァイ
　zuò　　　bù　　　wǒ　　　huì　　　Zhōngguócài
　做　　不　　我　　会　　中国菜)。

3 あなたはゴルフができますか？。 ＊ゴルフ＝高尔夫球 （球技を）する＝打

(ホイ　　　ダー　　　ニー　　　ガオアルフーチウ　　　ブホイ
　huì　　　dǎ　　　nǐ　　　gāoěrfūqiú　　　buhuì
　会　　打　　你　　高尔夫球　　不会)？

第**4**章 基本フレーズ

答え **1** 她不会开车。 **2** 我不会做中国菜。 **3** 你会不会打高尔夫球？

ミニ会話

（　　）にあてはまる中国語を話しましょう。

周さん： **你会说英语吗？** （あなたは英語が話せますか？）

あなた：（① 話せません。）

周さん： **你会说什么语言？**

　　　　（あなたはどんな言語が話せますか？）

あなた：（② 私は中国語しか話せません。） ＊〜しか＝只 (zhǐ) ジー

答え ① 我不会说。 　② 我只会说汉语。

自分の名前を中国語で言うには

　中国語で外国人の名前を表記する際にはすべて漢字（簡体字）を使います。日本人の名前には漢字が多いので、通常はそれを中国語読みします。しかし、ひらがなやカタカナの名前の人もいますね。そんな場合、自分の名前をどう言えばいいのでしょうか。

　例えば「みどり」という名前の場合、「緑」「翠」「碧」などの漢字から、イメージや音が好きな文字を選べばいいのです。また、同じ意味の漢字が見つからない場合は、日本語で同じ発音の漢字をあて、それを中国語読みします。西洋人の名前は、発音の近い漢字をあてて表します。

例） ななこ：菜菜子 (Càicàizǐ)

ジョージ・スミス：乔治・史密斯 (Qiáozhì Shǐmìsī)

　さらに、日本の国字（日本で作られた漢字）の名前の場合、中国には同じ漢字がありません。その場合には、形か意味が似ているものをあてます。

例）

榊	→	「神 (shén)」	辻	→	「十 (shí)」
畑	→	「田 (tián)」	栃	→	「厉 (lì)」
込	→	「入 (rù)」			

　また、名前の漢字を説明する場合、日本語では「野原の"原"」のように説明しますが、中国語でも同じです。ですから、自分の名前を中国の人に説明する場合には、そのための単語を覚えておくと便利です。「四川の"川"、太原の"原"」のように、中国人ならまず知っている地名・人名やおめでたい事柄などに結びつけて説明するとよいでしょう。

入れ替えフレーズ

旅先などでそのまま使える表現を取り上げ、簡単な文法解説を加えています。メインのフレーズの一部を「入れ替え単語」を使ってアレンジすれば、表現の幅がぐっと広げられます。

ヨウ　　　　プーアルチャー　　　　マ
Yǒu　　　　pǔ'ěrchá　　　　　ma

有 普洱茶 吗？

ある　　　プーアル茶は　　　か

物があるかどうかを尋ねる言い方です。お店で商品を探す場合などにも使えます（P94 参照）。

バリエーション

（別の言い方で同じ意味）

プーアル茶はありますか？

ヨウ　　メイ　ヨウ　　プーアルチャー
Yǒu　　méi　yǒu　　pǔ'ěrchá

有 没 有 普洱茶？

ある　　　ない　　　プーアル茶は

(P98 参照)

「有○○吗？／有没有○○？」を使って話そう

紹興酒 シャオシンジウ shàoxīngjiǔ **绍兴酒**	茅台酒 マオタイジウ máotáijiǔ **茅台酒**	漢方薬 ジョンヤオ zhōngyào **中药**
掛軸 グアホア guàhuà **挂画**	唐三彩 タンサンツァイ tángsāncǎi **唐三彩**	七宝焼 ジンタイラン jǐngtàilán **景泰蓝**
刺繍 ツーシウ cìxiù **刺绣**	印鑑 トゥージャン túzhāng **图章**	切り絵 ジエンジー jiǎnzhǐ **剪纸**

第2課 〈試着して〉いいですか？

クーイー	シーチュワン	マ
Kěyǐ	shìchuān	ma
可以	**试穿**	**吗？**
できる	試着する	か

許可を求めたり、可能であるかどうかを尋ねたりする言い方です。これも
お店やホテルなどで使うことが多い表現です（P114 参照）。

返答例

いいですよ。

クーイー	チン
Kěyǐ	qǐng
可以，	**请。**
できる	どうぞ

いけません。

ブー	クーイー
Bù	kěyǐ
不	**可以。**
	いけない

（P116 参照）

「可以〇〇吗？」を使って話そう

ちょっと見る	座る	試食する
カン イーシア	ズオ	ピンチャン
kàn yíxià	zuò	pǐncháng
看一下	**坐**	**品尝**

予約する	両替する	包む
ユーディン	ホワンチエン	バオジュワン
yùdìng	huànqián	bāozhuāng
预订	**换钱**	**包装**

返品する	チケットを払い戻す	写真を撮る
トゥイフオ	トゥイピアオ	パイジャオ
tuìhuò	tuìpiào	pāizhào
退货	**退票**	**拍照**

第**5**章 入れ替えフレーズ

〈一斤〉いくらですか？

ドゥオシャオ　　チエン　　イージン
Duōshao　　qián　　yìjīn

多少 钱 一斤？

いくら　　　　　一斤で

日本語では「一斤いくらですか？」となりますが、中国語では「いくら？一斤」の語順になります。「一斤（500ｇ）」の部分には、いろいろな購入単位が入ります（P104参照）。

返答例　一斤25元です。

アルシーウー　　クワイ　　イージン
Érshíwǔ　　kuài　　yìjīn

二十五 块 一斤。

25元です　　　一斤で

「多少钱〇〇？」を使って話そう

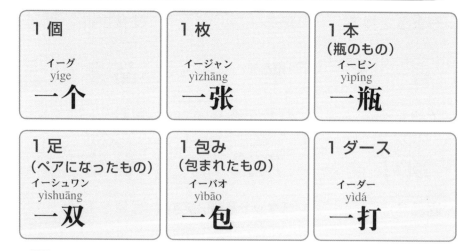

1個	1枚	1本 （瓶のもの）
イーグ yíge 一个	イージャン yìzhāng 一张	イーピン yìpíng 一瓶

1足 （ペアになったもの）	1包み （包まれたもの）	1ダース
イーシュワン yìshuāng 一双	イーバオ yìbāo 一包	イーダー yìdá 一打

＊量詞については P64、P65 も参照。

124

また、購入単位ではなく次のような副詞的な語の場合は、「いくら」の前
に置かれます。

 全部でいくらですか？

イーゴン　ドゥオシャオ　チエン
Yígòng　duōshao　qián

一共 **多少　钱 ？**
　全部で　　　　いくら

半分で
イーバン
yíbàn

一半

空港まで
ダオ　ジーチャン
dào　jīchǎng

到 机场

計量単位

長さ

km
ゴンリー
gōnglǐ

公里

m
ミー
mǐ

米

cm
ゴンフェン　リーミー
gōngfēn　límǐ

公分 厘米

mm
ハオミー
háomǐ

毫米

＊布の長さや幅などを言うときには「尺」という単位（1m＝3尺）も使われる。

容積

ℓ
ゴンション
gōngshēng

公升

dℓ
フェンション
fēnshēng

分升

cc
ハオション
háoshēng

毫升

重さ

t
ドゥン
dūn

吨

kg
ゴンジン
gōngjīn

公斤

g
クー
kè

克

mg
ハオクー
háokè

毫克

＊食料品などを購入する単位としては「斤（一斤＝500g）」が使われることもある。この
　10分の1の単位で「両：リアン（一両＝50g）」も用いられる（1kg＝2斤＝20両）。
＊レストランで料理を注文する際、重さで頼むものもある。餃子などは、重さ（斤・両）で
　注文することも多い。

イーバイウーシー　　　クワイ　　（チエン）
Yìbǎiwǔshí　　　kuài　　（qián）

一百五十 块（钱）。

150　　　　　　　元

価格を示す場合は、数字の後に「元（块）」をつけるだけです。この際、文末にお金を表す「钱」をつける場合もあります。（P124 参照）

バリエーション

（別の言い方で同じ意味）

一個 150 元です。

イーバイウーシー　　クワイ　イーグ
Yìbǎiwǔshí　　kuài　yíge

一百五十 块 一个。

150　　　元　　一個で

「○○块。」を使って、数字の言い方を覚えよう

15	34	65	117
シーウー	サンシースー	リウシーウー	イーバイイーシーチー
shíwǔ	sānshísì	liùshíwǔ	yìbǎiyīshíqī
十五	三十四	六十五	一百一十七

285	923	1,000
アルバイバーシーウー	ジウバイアルシーサン	イーチエン
èrbǎibāshíwǔ	jiǔbǎi'èrshísān	yìqiān
二百八十五	九百二十三	一千

6,050	34,726
リウチエン　リン　ウーシー	サンワン　スーチエン　チーバイ　アルシーリウ
liùqiān　líng　wǔshí	sānwàn　sìqiān　qībǎi　èrshíliù
六千 零 五十	三万 四千 七百 二十六

＊数字については P62、P63 も参照。

126

金額の言い方

中国の通貨は「人民币」で、外国為替の表示に使われる「RMB」は、この略です。基本単位は「元」で、その 10 分の 1 が「角」、100 分の 1 が「分」です。話し言葉ではそれぞれ「块」「毛」「分」を用います。

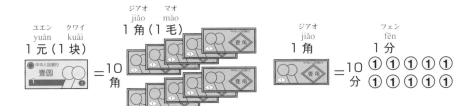

① 金額が 2 つ以上の単位にまたがる場合は、最後の単位を省略することもできる。

(例)
パー クワイ スー（マオ）
bā kuài sì (máo)
8 元 4 角 = 八 块 四 (毛)

リウ クワイ サン マオ ウー（フェン）
liù kuài sān máo wǔ (fēn)
6 元 3 角 5 分 = 六 块 三 毛 五 (分)

② 単位の前にくる「2」は「两 (liǎng)」となり、単位が省略されるときは「二 (èr)」となる。

(例)
リアン クワイ リアン マオ アル
liǎng kuài liǎng máo èr
2 元 2 角 2 分 = 两 块 两 毛 二

③ 単位がとぶときには「零 (líng)」が必要になる。

(例)
サン クワイ リン スー
sān kuài líng sì
3 元 4 分 = 三 块 零 四

書きとり練習

次の金額を中国語で書いてみましょう。

① 3 元 5 角　　② 35 元 4 角 8 分　　③ 98 元 5 分

＿＿＿＿＿＿　＿＿＿＿＿＿　　＿＿＿＿＿＿

答え　①三块五（毛）　②三十五块四毛八（分）　③九十八块零五（分）

ウォ	ヤオ	ベイジンカオヤー
Wǒ	yào	Běijīngkǎoyā
我	要	北京烤鸭。
私は	ほしい	北京ダックが

買い物をしたり食事を注文したりするときの動詞には、「必要である」という意味の「要」を用います。

いくつかのものを買うときには、次のように表します。

返答例

パンとコーヒーをください。

ウォ	ヤオ	ミエンバオ	フー	カーフェイ
Wǒ	yào	miànbāo	hé	kāfēi
我	要	面包	和	咖啡。
私は	ほしい	パン	と	コーヒーが

「我要○○。」を使って話そう

シルクのブラウス	カシミヤのセーター	ネクタイ
ジェンスーチェンシャン	ヤンロンマオイー	リンダイ
zhēnsīchènshān	yángróngmáoyī	lǐngdài
真丝衬衫	羊绒毛衣	领带

Tシャツ	革靴	ハンドバッグ
ティーシューシャン	ピーシエ	ショウティーバオ
tīxùshān	píxié	shǒutíbāo
T恤衫	皮鞋	手提包

腕時計	タバコ	ライター
ショウビアオ	イエン	ダーフオジー
shǒubiǎo	yān	dǎhuǒjī
手表	烟	打火机

料理と飲み物

チンジャオ ロースー チンジアオロウスー qīngjiāoròusī 青椒肉丝	エビの チリソース ガンシャオシアレン gānshāoxiārén 干烧虾仁	ホイコーロー ホイグオロウ huíguōròu 回锅肉	マーボー豆腐 マーボードウフ mápódòufu 麻婆豆腐
鶏肉とカシュー ナッツの炒めもの ヤオグオジーディン yāoguǒjīdīng 腰果鸡丁	タンタン麺 ダンダンミエン dàndànmiàn 担担面	火鍋 フオグオ huǒguō 火锅	シューマイ シャオマイ shāomài 烧卖
酢豚 グーラオロウ gǔlǎoròu 古老肉	ピータン豆腐 ピーダンドウフ pídàndòufu 皮蛋豆腐	フカヒレスープ ユーチータン yúchìtāng 鱼翅汤	焼きソバ チャオミエン chǎomiàn 炒面
ショーロンポー シアオロンバオ xiǎolóngbāo 小笼包	春巻 チュンジュエン chūnjuǎn 春卷	杏仁豆腐 シンレンドウフ xìngréndòufu 杏仁豆腐	水餃子 シュイジアオ shuǐjiǎo 水饺
あげパン ヨウティアオ yóutiáo 油条	粥 ジョウ zhōu 粥	饅頭 バオズ bāozi 包子	餃子 ジアオズ jiǎozi 饺子
ご飯 ミーファン mǐfàn 米饭	ビール ピージウ píjiǔ 啤酒	ウーロン茶 ウーロンチャー wūlóngchá 乌龙茶	ミネラル ウォーター クワンチュエンシュイ kuàngquánshuǐ 矿泉水

音声 83

ハオチー　　　　　マ
Hǎochī　　　　　ma

好吃 吗？

おいしい　　　　か

感想や意見を尋ねる場合には、「形容詞＋吗？」の形になります。これは
動詞の疑問文を作る方法と同じです（P94 参照）。

返答例

おいしいです。　　　　おいしくないです。
ヘン　ハオ　チー　　　　ブー　ハオ　チー
Hěn　hǎo　chī　　　　Bù　hǎo　chī

很 好 吃 。／ 不 好 吃 。

とても　おいしい　　　　ない　おいしい

「○○吗？」を使って話そう

（飲んで）おいしい	油っこい	（味が）あっさりしている
ハオフー	ヨウニー	チンダン
hǎohē	yóunì	qīngdàn
好喝	**油腻**	**清淡**

ちょうどいい	美しい	安い
フーシー	ピアオリアン	ピエンイ
héshì	piàoliang	piányi
合适	**漂亮**	**便宜**

近い	早い	重い
ジン	ザオ	ジョン
jìn	zǎo	zhòng
近	**早**	**重**

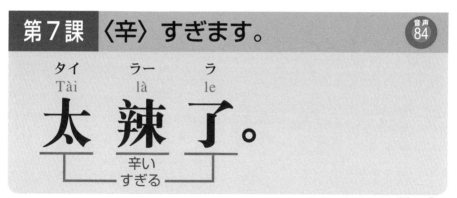

タイ ラー ラ
Tài là le

太 辣 了。

辛い
すぎる

程度が甚だしく、予想外であるという意味の「〜すぎる」は、「太〜了」で表します。「〜」には形容詞が入ります。また、「太〜了」はほめたり、プラスの意味で「とても〜だ」と言う場合にも使われます。

例

うまい！（いいねえ！）

タイ ハオ ラ
Tài hǎo le

太 好 了！

よい
すぎる

どうもご丁寧に。

タイ クーチ ラ
Tài kèqi le

太 客气 了。

丁寧
すぎる

「太○○了。」を使って話そう

甘い
ティエン
tián

甜

塩辛い
シエン
xián

咸

苦い
クー
kǔ

苦

すっぱい
スワン
suān

酸

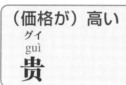

（価格が）高い
グイ
guì

贵

多い
ドゥオ
duō

多

遠い
ユエン
yuǎn

远

遅い
ワン
wǎn

晚

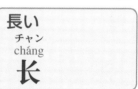

長い
チャン
cháng

长

第5章 入れ替えフレーズ

131

〈スプーン〉をください。

チン	ゲイ	ウォ	シャオズ
Qǐng	gěi	wǒ	sháozi
请	给	我	勺子。
どうぞ	くれる	私に	スプーンを

「AにBをください」は、「请给 A B」で表します。「请（どうぞ〜してください）」（P82参照）の後に「给」を置くと、「私にスプーンを」といったように2つの目的語をとることができます。

例　私はあなたにプレゼントをあげます。

ウォ	ゲイ	ニー	リーピン
Wǒ	gěi	nǐ	lǐpǐn
我	给	你	礼品。
私は	あげる	あなたに	プレゼントを

「请给我○○。」を使って話そう

メニュー	コップ	灰皿
ツァイダン	ベイズ	イエンホイガン
càidān	bēizi	yānhuīgāng
菜单	杯子	烟灰缸

ようじ	茶碗	紙ナプキン
ヤーチエン	ファンワン	ツァンジンジー
yáqiān	fànwǎn	cānjīnzhǐ
牙签	饭碗	餐巾纸

箸	湯のみ茶碗	小皿
クワイズ	チャーベイ	ディエズ
kuàizi	chábēi	diézi
筷子	茶杯	碟子

第9課 〈精算〉します。

音声 86

ウォ　　　　ジエジャン
Wǒ　　　　jiézhàng

我 结帐。

私は　　　精算する

「主語＋動詞（〜は〜する）」で表していますが、日本語の「〜しますよ」と同様、自分のこれからしたいことを示して相手にそれに応じた対応をしてもらう、呼びかけの表現の一種にあたります。

バリエーション
（別の言い方で同じ意味）

精算します。
ウォ　マイダン
Wǒ　mǎidān

我 买单。

私は　精算する

「我〇〇。」を使って話そう

行く（出発する） ゾウラ zǒule **走了**	先に行く シエンゾウ xiānzǒu **先走**	出かける チューチュー chūqù **出去**
入る ジンチュー jìnqù **进去**	寝る シュイジアオ shuìjiào **睡觉**	帰る ホイチュー huíqù **回去**
降りていく シアチュー xiàqù **下去**	お金を払う フーチエン fùqián **付钱**	手伝う バンジュー ニー bāngzhù nǐ **帮助你**

音声 87

ウォ	ダオ	グーゴン	チュー
Wǒ	dào	Gùgōng	qù
我	**到**	**故宫**	**去。**
私は	へ	故宮	行く

「〜まで」を表すには、場所を表す単語の前に「到」をつけて、動詞の前に置きます。上記の例は、タクシーなどに乗った際、目的地を相手に伝えるのにも使えます。「〜から」を表す「从」も同様に用います。

例

彼は日本から来ます。

ター	ツォン	リーベン	ライ
Tā	cóng	Rìběn	lái
他	**从**	**日本**	**来。**
彼は	から	日本	来る

「我到〇〇去。」を使って話そう

空港	駅	天安門
ジーチャン	チョージャン	ティエンアンメン
jīchǎng	chēzhàn	Tiān'ānmén
机场	**车站**	**天安门**

人民公園	建国ホテル	万里の長城
レンミンゴンユエン	ジエングオファンディエン	チャンチョン
Rénmíngōngyuán	Jiànguófàndiàn	Chángchéng
人民公园	**建国饭店**	**长城**

第一デパート	南京路	銀行
ディーイーバイフオシャンディエン	ナンジンルー	インハン
Dìyībǎihuòshāngdiàn	Nánjīnglù	yínháng
第一百货商店	**南京路**	**银行**

134

クワイ　チュー　バ
Kuài　qù　ba

快 去 吧。
速く　行く　なさい

中国語特有の品詞として"語気助詞"というものがあります。語気助詞は文末に置かれ、疑問・感嘆・強調などの話し手の気持ちや微妙なニュアンスを表したり、語調をやわらげたりします。3通りの使われ方をする「吧」を例に見ていきます。

命令　お茶をお召し上がりください。
チン　フー　チャー　バ
Qǐng　hē　chá　ba

请 喝 茶 吧。
どうぞ　飲む　お茶を　なさい

勧誘　一緒に食事をしましょう。
ウォメン　イーチー　チーファン　バ
Wǒmen　yìqǐ　chī fàn　ba

我们 一起 吃 饭 吧。
私たちは　一緒に　食べる ご飯を　しよう

推量　あなたは日本人ですね。
ニー　シー　リーベンレン　バ
Nǐ　shì　Rìběnrén　ba

你 是 日本人 吧。
あなたは です　日本人　ね

● 下記のような語気助詞も、よく使われます。

「啊」　誰?
シェイ　ア
Shéi　a

谁 啊?
誰　か

＊ドアをノックされたときなど、軽い疑問を表す。

今日は暑いですね。
ジンティエン　ヘン　ルー　ア
Jīntiān　hěn　rè　a

今天 很 热 啊!
今日は　とても　暑い　ね

＊感嘆の意を表す。

「呢」　どうしましょう?
ゼンマ　バン　ナ
Zěnme　bàn　ne

怎么 办 呢?
どのように する　か

＊疑問で語気をやわらげる。

あなたは?
ニー　ナ
Nǐ　ne

你 呢?
あなた　は

＊直前の話題に関し、「じゃあ、あなたはどう?」と問う。

シェンマ	シーホウ	ダオダー
Shénme	shíhou	dàodá

什么 时候 到达？

| 何の | 時に | 到着する |

「いつ～ですか？」と漠然と時を尋ねる場合には、「什么时候＋動詞」で表します。また、具体的に「何時」と時刻を問う場合には、下記のように「几点」を用います。

例 何時に到着しますか？

ジー ディエン ダオダー
Jǐ diǎn dàodá

几 点 到达 ？

何時に　　到着する

「什么时候〇〇？」を使って話そう

出発する	帰る	行く
チューファー	ホイチュー	ゾウ
chūfā	huíqù	zǒu
出发	回去	走

始まる（始める）	終わる	（店などが）開く
カイシー	ジエシュー	カイメン
kāishǐ	jiéshù	kāimén
开始	结束	开门

（店などが）閉まる	出勤する	退勤する
グワンメン	シャンバン	シアバン
guānmén	shàngbān	xiàbān
关门	上班	下班

年月日・曜日の言い方

[例] 2005 年 7 月 9 日

アルリンリンウー　ニエン　チー　ユエ　ジウ　ハオ
èrlínglíngwǔ　nián　qī　yuè　jiǔ　hào

二零零五 年 七 月 九 号

＊年号は、前から順に一つずつ読んでいく。また、下 2 桁のみを言うこともある。
＊月は日本語と同じく、数字の後に「月」を加えるだけ。
＊「日」にあたる「号」は会話で使う単語。文書などに書く場合は、「日（rì）」を用いる。

年・月日

去年 チューニエン qùnián **去年**	今年 ジンニエン jīnnián **今年**	来年 ミンニエン míngnián **明年**	再来年 ホウニエン hòunián **后年**
先月 シャングユエ shànggeyuè **上个月**	今月 ジョーグユエ zhègeyuè **这个月**	来月 シアグユエ xiàgeyuè **下个月**	再来月 シアシアグユエ xiàxiàgeyuè **下下个月**
昨日 ズオティエン zuótiān **昨天**	今日 ジンティエン jīntiān **今天**	明日 ミンティエン míngtiān **明天**	明後日 ホウティエン hòutiān **后天**

曜日

月曜日 シンチーイー xīngqīyī **星期一**	火曜日 シンチーアル xīngqī'èr **星期二**	水曜日 シンチーサン xīngqīsān **星期三**	木曜日 シンチースー xīngqīsì **星期四**
金曜日 シンチーウー xīngqīwǔ **星期五**	土曜日 シンチーリウ xīngqīliù **星期六**	日曜日 シンチーティエン xīngqītiān **星期天**	＊月曜日が週の始まり（一番目の曜日）になる。

第13課 〈10時に〉到着します。

音声 90

シー　　ディエン　　ダオダー
Shí　diǎn　　dàodá

十 点 到达。

10時に　　　　到着する

「〜時に〜する」と言う場合は、動詞の前に「〜時に」を置いて表します。
また、「〜時間〜した」というように、時間（期間）を表す場合は、動詞
の後に置きます。

例 私は3時間歩きました。

ウォ　　ゾウ　　ラ　　サング　　シアオシー
Wǒ　zǒu　le　sānge　xiǎoshí

我 走 了 三个 小时。

私は　歩いた　　　　3時間

「〇〇到达。」を使って話そう

9時 ジウディエン jiǔdiǎn 九点	正午 ジョンウー zhōngwǔ 中午	午後4時 シアウー スーディエン xiàwǔ sìdiǎn 下午 四点
午前11時 シャンウー シーイーディエン shàngwǔ shíyīdiǎn 上午 十一点	明日 ミンティエン míngtiān 明天	夜7時 ワンシャン チーディエン wǎnshang qīdiǎn 晚上 七点
2時半 リアンディエンバン liǎngdiǎnbàn 两点半	2時10分 リアンディエン シーフェン liǎngdiǎn shífēn 两点 十分	2時15分 リアンディエン イークー liǎngdiǎn yíkè 两点 一刻

138

時間の言い方

0 時	12 時	24 時

午前 シャンウー shàngwǔ **上午**		午後 シアウー xiàwǔ **下午**
朝 ザオシャン zǎoshàng **早上**	正午 ジョンウー zhōngwǔ **中午**	晩 ワンシャン wǎnshang **晩上**

＊時刻を言う場合、15 分を表す「刻」、半を表す「半」もよく使われる。

3 時 サン ディエン ジョン sān diǎn zhōng **三 点（钟）**	4 時 25 分 スー ディエン アルシー ウー フェン sì diǎn èrshí wǔ fēn **四点二十五分**	5 時 30 分 ウー ディエン サンシー フェン wǔ diǎn sānshí fēn **五点三十分**
6 時 15 分 リウ ディエン イー クー liù diǎn yí kè **六 点 一 刻**	7 時半 チー ディエン バン qī diǎn bàn **七 点 半**	8 時 5 分前 チャー ウー フェン バー ディエン chà wǔ fēn bā diǎn **差五分八点**

● 9 時 45 分のいろいろな言い方

＊1、2 は 10 時 15 分前を表す。

ジウ ディエン スーシーウー フェン jiǔ diǎn sìshíwǔ fēn **九 点 四 十 五 分**	ジウ ディエン サン クー jiǔ diǎn sān kè **九 点 三 刻**
*1 チャー シーウー フェン シー ディエン chà shíwǔ fēn shí diǎn **差 十 五 分 十 点**	*2 チャー イー クー シー ディエン chà yí kè shí diǎn **差 一 刻 十 点**

〈部屋を予約〉したいのですが。

ウォ	シアン	ディン	ファンジエン
Wǒ	xiǎng	dìng	fángjiān
我	**想**	**订**	**房间**。
私は	したい	予約する	部屋を

何かをしたいと希望を伝える場合には「想＋動詞（＋目的語）」で表します。また、「～したくない」という場合には、否定の「不想」が用いられます（P108、P110参照）。

例 私は行きたくありません。

ウォ	ブーシアン	チュー
Wǒ	bùxiǎng	qù
我	**不想**	**去**。
私は	したくない	行く

「我想○○。」を使って話そう

両替する	ファクシミリを送る	国際電話をかける
ホワン チエン	ファー チュワンジェン	ダー グオジー ディエンホワ
huàn qián	fā chuánzhēn	dǎ guójì diànhuà
换 钱	发 传 真	打 国 际 电 话

食事をする	買い物に行く	手紙を出す
チー ファン	チュー マイ ドンシ	ジー シン
chī fàn	qù mǎi dōngxi	jì xìn
吃 饭	去 买 东 西	寄 信

チケットを予約する	ちょっと見る	店に行く
ディン ピアオ	カン イーシア	チューシャンディエン
dìng piào	kàn yíxià	qù shāngdiàn
订 票	看 一 下	去 商 店

第15課 〈冷蔵庫〉は使えますか？

ノン	ヨン	ビンシアン	マ
Néng	yòng	bīngxiāng	ma
能	**用**	**冰箱**	**吗？**
できる	使う	冷蔵庫	か

P114で、助動詞「能」は「（能力的に）～できる」を表すと説明しましたが、「能」は疑問形で用いると、婉曲な依頼の表現にもなります。

例

明日あなたは来られますか？
（…前提として、来てほしいという気持ちがある）

ミンティエン	ニー	ノン	ライ	マ
Míngtiān	nǐ	néng	lái	ma
明天	**你**	**能**	**来**	**吗？**
明日	あなた	できる	来る	か

「能用○○吗？」を使って話そう

クレジットカード	日本円	トラベラーズチェック
シンヨンカー	リーユエン	リューシンジーピアオ
xìnyòngkǎ	rìyuán	lǔxíngzhīpiào
信用卡	**日元**	**旅行支票**

外貨	パソコン	携帯電話
ワイビー	ディエンナオ	ショウジー
wàibì	diànnǎo	shǒujī
外币	**电脑**	**手机**

内線電話	トイレ	ビジネスセンター
ネイシエンディエンホワ	ツースオ	シャンウージョンシン
nèixiàndiànhuà	cèsuǒ	shāngwùzhōngxīn
内线电话	**厕所**	**商务中心**

第5章 入れ替えフレーズ

どこで〈乗り換え〉ますか？

音声
93

ザイ Zài	ナール nǎr	ホワン huàn	チョー chē
在	哪儿	换	车？
で	どこ	換える	車を

「どこで〜しますか？」と尋ねる場合には、「在哪儿＋動詞？」で表します。
これに対する返事は、「哪儿（どこ）」の部分を具体的な場所に置き換えて
答えます。

返答例　　王府井で乗り換えます。

ザイ Zài	ワンフージン Wángfǔjǐng	ホワン huàn	チョー chē
在	王府井	换	车。
で	王府井で	換える	車を

「在哪儿○○？」を使って話そう

（電車などに）乗る シャンチョー shàngchē 上车	（電車などから）降りる シアチョー xiàchē 下车	チケットを買う マイピアオ mǎipiào 买票
両替する ホゥンチエン huànqián 换钱	精算する ジエジャン jiézhàng 结帐	チェックインする ドンジー dēngjì 登记
手続きをする バンショウシュー bànshǒuxù 办手续	申し込む シェンチン shēnqǐng 申请	お金を払う フーチエン fùqián 付钱

第17課 〈地下鉄の駅〉はどのように行きますか？

音声 94

ディーティエジャン	ゼンマ	ゾウ
Dìtiězhàn	zěnme	zǒu
地铁站	**怎么**	**走？**
地下鉄の駅は	どのように	行く

方法や手段を尋ねるには、疑問詞「怎么」を用います。「～はどのように行きますか？」と道順などを尋ねる場合には、「目的地＋怎么走？」で表します。ほかに、次のような例もよく使います。

第5章 入れ替えフレーズ

例

どのように書きますか。

ゼンマ	シエ
Zěnme	xiě
怎么	**写？**
どのように	書く

どのように読みますか。

ゼンマ	ニエン
Zěnme	niàn
怎么	**念？**
どのように	読む

「〇〇怎么走？」を使って話そう

大使館	旅行会社	デパート
ダーシーグワン	リューシンショー	バイフオシャンディエン
dàshǐguǎn	lǚxíngshè	bǎihuòshāngdiàn
大使馆	**旅行社**	**百货商店**

東風ホテル	商店	レストラン
ドンフォンファンディエン	シャンディエン	ツァンティン
Dōngfēngfàndiàn	shāngdiàn	cāntīng
东风饭店	**商店**	**餐厅**

チケット売り場	バス停	タクシー乗り場
ショウピアオチュー	ゴンゴンチーチョージャン	チューズーチーチョージャン
shòupiàochù	gōnggòngqìchēzhàn	chūzūqìchēzhàn
售票处	**公共汽车站**	**出租汽车站**

著者

川原祥史　かわはら よしひと

埼玉大学教養学部(中国語語学専攻)卒。1984年からメーカー・商社で中国貿易輸出入業務、通訳・翻訳などに携わる。企業の赴任者向けに中国会話を、留学生に日本語や貿易実務などを指導している。中国ビジネスに関する講演会や教材ビデオなどにも出演。
〈著書〉
『今すぐ書ける中国語　手紙・FAX・Eメール』(ナガセ)、『ひとりで学べる　中国語会話』(高橋書店)、『中国語「筆談会話」でらくらく旅行』(技術評論社)、『中国語検定4級・準4級問題集』(池田書店)など多数。

編集　㈱エディポック
DTP　㈱エディポック、㈱ロガータ
本文校正　郭樺、㈱風樹
イラスト　佐藤朋恵
ナレーション　中国語　陳浩、梁月軍
　　　　　　　日本語　矢嶋美保
録音　(一財)英語教育協議会(ELEC)

聴ける！読める！書ける！話せる！

中国語 初歩の初歩 音声DL版

著　者　川原祥史
発行者　高橋秀雄
発行所　株式会社 高橋書店
　　　　〒170-6014 東京都豊島区東池袋3-1-1 サンシャイン60 14階
　　　　電話　03-5957-7103

ISBN978-4-471-11451-0　ⒸTAKAHASHI SHOTEN　Printed in Japan

本書の内容についてのご質問は「書名、質問事項(ページ、内容)、お客様のご連絡先」を明記のうえ、
郵送、FAX、ホームページお問い合わせフォームから小社へお送りください。
回答にはお時間をいただく場合がございます。また、電話によるお問い合わせ、本書の内容を超えたご質問にはお答えできませんので、ご了承ください。本書に関する正誤等の情報は、小社ホームページもご参照ください。

【内容についての問い合わせ先】
　書　面　〒170-6014 東京都豊島区東池袋3-1-1 サンシャイン60 14階　高橋書店編集部
　FAX　03-5957-7079
　メール　小社ホームページお問い合わせフォームから　(https://www.takahashishoten.co.jp/)

【不良品についての問い合わせ先】
　ページの順序間違い・抜けなど物理的欠陥がございましたら、電話03-5957-7076へお問い合わせください。
　ただし、古書店等で購入・入手された商品の交換には一切応じられません。